WODE
JIAOYU SHOUWANG

我的教育守望

郭浩/著

从有故事，到写故事，再到讲故事，最后帮助别人讲故事，
这才真正应该成为班主任 成长 与 进步 的自然循环。
生命的故事始终是要高于名利的，
真正的 快乐 与 幸福 并不来自于鲜花和掌声，
而来自内心的富足与感动。

敦煌文艺出版社

图书在版编目（CIP）数据

我的教育守望 / 郭浩著. —— 兰州：敦煌文艺出版社，2019.4（2021.8重印）
 ISBN 978-7-5468-1683-8

Ⅰ.①我… Ⅱ.①郭… Ⅲ.①英语课－教学研究－中学－文集②中学－班主任工作－文集 Ⅳ.①G633.412-53②G635.16-53

中国版本图书馆CIP数据核字（2018）第299650号

我的教育守望
郭浩 著

封面题字：鱼晓东
责任编辑：赵 静
封面设计：孟孜铭

敦煌文艺出版社出版、发行
地址：（730030）兰州市城关区读者大道568号
邮箱：dunhuangwenyi1958@163.com
0931-8152172（编辑部）
0931-8773112　0931-8120135（发行部）

北京一鑫印务有限责任公司印刷
开本　787毫米×1092毫米　1/16　印张　16　插页　5　字数　240千
2019年4月第1版　2021年8月第2次印刷
印数　1 001～3 000册

ISBN 978-7-5468-1683-8
定价：36.00元

如发现印装质量问题，影响阅读，请与印刷厂联系调换。
本书所有内容经作者同意授权，并许可使用。
未经同意，不得以任何形式复制转载。

我的教育历程

同付丽旻老师

同梁岗老师

同黄厚江老师在一起

同迟希新、张静玉老师

同孙宏老师 　　　　同田丽霞老师 　　　　同张文质老师

同朱永新主席在一起 　　我的良师益友们

我的守望生活

2017 年 11 月　　　　2018 年 2 月

2017 年 12 月　　　　2018 年 3 月

2018 年 4 月

2018 年 5 月

2018 年 7 月

2018 年 8 月

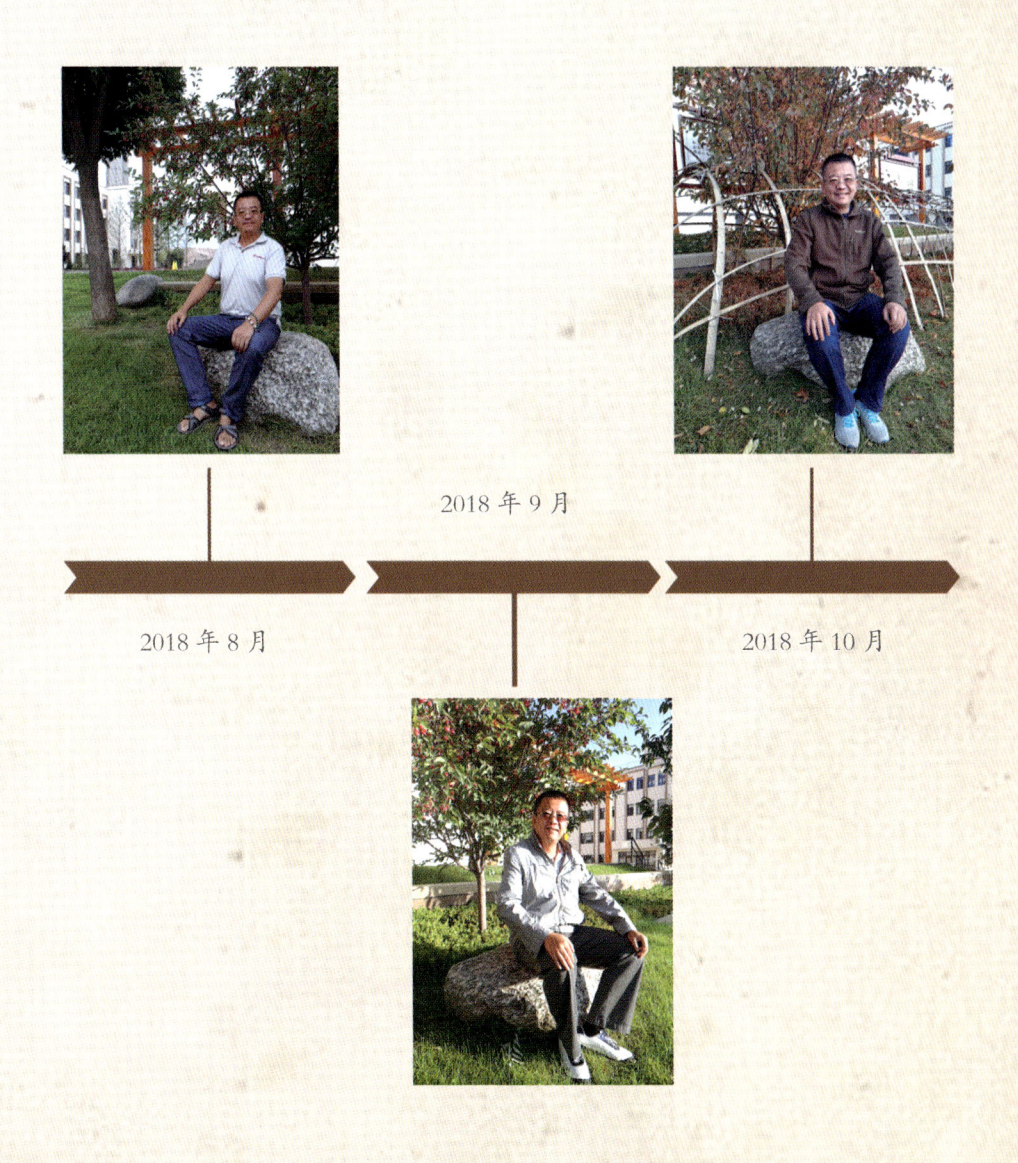

2018 年 9 月

2018 年 10 月

2018年12月　　　　　　　　　　　　　2019年3月

2019年2月

真性情的守望者

付丽旻

初识郭老师，是那年初冬，我应邀在津门讲学时。在那场全国各地教育者云集的研讨盛会上匆匆一见，这个善书法、有思想、豁达豪爽的西北才子给我留下了深刻的印象。

再次相见，是在第二年初冬的兰州了。郭老师介绍兰州的很多一线优秀班主任朋友给我认识，让我对当地的教育再一次刮目相看。后来，我们通过彼此的文字来沟通教育理念、教育策略和教育智慧。

拜读过郭老师寄来的两本专著，带着塞外风霜，也蕴含着兰州这颗西北明珠独特的人文积淀，更带着教育者的专业情怀和独具匠心的教育智慧。如同疲惫的时候连喝几盏"三泡台"，初品清彻甜爽，再品齿颊生香，而后是慢慢的回味。

古道热肠、不拘一格、独辟蹊径的家庭教育指导者，这是我最近读了他的一篇文章之后，心中连着冒出的几个名词。依稀记得一位学生跟郭老师倾吐着内心的烦恼：家里有一个嗜酒如命的父亲，他喝了酒之后，家里就会失去平静，孩子不仅得不到父亲的帮助，甚至没有基本的安宁。性情中人老郭，没有选择循循善诱的谈话，而是揣着两瓶白酒，在街头一家小酒馆里，跟这位父亲攀谈起来。酒正酣，谈性浓，家长敞开了心扉，老郭适时进行点播和提醒。遇到这样的班主任，不仅是这个孩子的幸运，也是这个父亲的幸运吧？谁的人生中没有一点说不出、藏不住的沧桑？有人倾听，有人给他一个舒缓内心压力的地方，那两瓶酒没有醉人，却醉了那夜的兰州，估计那位父亲从此认定了老郭这个朋友。从那以后，孩子的脸上有了笑容，跟父亲的关系在逐步改善。上大学之前，父亲特地买了两瓶与那夜喝的一模一样的酒，让儿子在临行前给恩师敬一杯。这样浓郁、醇厚的感激之情，让人羡慕却不嫉妒：如果没有内心的丰饶和大爱，何处安放这样的深情？

眼中有人、心头有爱、张弛有度的学生成长引领者。因为郭老师不会死盯着成绩，哪怕是高考白热化的那些年，他更在意的是学生的身心健康成长。自习之后陪心里有压力的学生默默地在操场走几圈，等学生愿意开口了，再跟孩子细细交谈、指导。估计这样的场景，是他职业生涯中司空见惯的画面。对于那些孩子来说，每每回眸自己的学生时代，都会有这样温暖的定格瞬间，这种温暖，足以让学生们有勇气去面对未来的风风雨雨。

身体力行、传递热爱、践行理想的教育守望者，这是了解老郭后特别想说的话。我曾经跟郭老师开玩笑，每个名师除了专业之外，一定要做点看起来"不务正业"的事情。这些看似不相干的事情，让老师看起来更可亲，让学生更加理解生活的内涵和珍贵。如果说著书立说的郭老师让学生高山仰止与敬佩，那么写书法、善丹青、玩新媒体的郭老师则充满亲和力，因为这时，老师的世界观、人生观、价值观潜移默化地影响着学生。他就坚守在那里，几十年如一日地倾注自己的心血，守望着承载学生青春与希冀的心灵家园。

这本书是郭老师近些年关于教育的思考与实践探索的总结，处处可见他的真性情。有幸提拙笔为老郭写序，惶恐中也有些许的得意：这些不经意间闪烁着教育者风骨的、文采卓然的文章，毕竟我先睹为快了，也为前行的路上有这样的同道中人感到庆幸。

找一个安静的时候，细细品读一下老郭的文章，相信你会有不一样的收获与感悟。总有人愿意做教育的有心人、教育的有情人、教育的追梦人，老郭如是，我们亦如是。郭老师瞩目的地方，一定有值得我们去览胜探幽的风景，有让你流连的故事，有启发思考与反思的教育火花。

付丽旻于上海

> 付丽旻，上海市特级教师，上海市中小学班主任带头人工作室主持人，上海市十佳班主任，普陀区班主任工作室带头人，《班主任》杂志2017年第四期封面人物，上海师范大学德育实践基地导师。

老郭的"好"与"好"

孙 宏

我要说的是老郭的爱好与好处。

老郭不老,何言其"老"?他自己说,学生给他起的外号,从最初的"屠夫",到后来的"坦克",再到"小二黑",直到"老郭"。他最欣喜和认同的是"老郭",他认为这是学生对他的赞扬。我辈喊他"老郭",我以为,一是佩服,老郭曾酒后吐真言说我崇拜他。我虽年长于他,但他做教育比我做得好。韩愈说"吾师道也,夫庸知其年之先后生于吾乎";二是其人老成持重,办事老练,有时甚至是老辣。一个老师,老成、老练、老辣,谓之"老"。

朋友和同事说:"老郭是一个有情怀的人,一个有情趣的人。"我戏言,他是个"情种",但并非是"情有独钟",而是"情有多种"。

老郭这么多的"情",源自于他那诸多的爱好,也成就了他的诸般好。我试列举之：

好德。古人说真正的不朽乃是"太上有立德，其次有立功，其次有立言，虽久不废，此之谓三不朽"。"三不朽"的核心是德。我们今天也说教育的根本任务是立德树人。老郭的德，给我印象最深的是家国之德。前段时间，我们同在南京学习，他说有一个地方一定要去，那就是侵华日军南京大屠杀遇难同胞纪念馆。说起那段历史，他咬牙切齿，说绝不会去某个国家。诚然，他是东北人。虽然，他和家人都喜欢旅游。

好师。他喜欢做老师，也用心在做老师。他说："我希望马子禄名气更大，但我更希望兰州牛肉面更好吃；我希望自己的荣誉更多，但我更希望自己是每个学生尊敬的班主任。"他还说："身处教育之中，要先知人生的价值和成长的规律，既然是园丁，就应知花花草草各有其美，我们只有肥沃他们的义务，却并没有格式化他们的权利。待到百花争艳时，我们在丛中才能笑得出来。"

好生。他喜欢学生，曾陪一个迷惘的学生在科中的操场上慢慢快快、走走停停地走了三圈，在走的过程中陪学生感悟人生，进而感慨："在她毕业后的十几年，这三圈步行时常出现在我的脑海。我很庆幸自己那时的平和。带着学生走过了三圈，却也让自己多了三圈的思考，多年后发现，自己其实也是不断地徘徊在这三圈当中，思考过去，感悟现在，憧憬未来。"他可以对课堂上屡次被叫醒又屡次睡着的学生写道："山有高低，水有深浅，人有优劣，这本就是自然规律。任我遍寻脑海，穷尽思想，最终也只能选择笨笨地叫醒他。回想这半年，我居然在没有发过一次脾气中度过了讲课、叫醒、再讲课的循环，平和地体味着无可救药的味道，这也便是我的成长。如果明天依然有梦，那一定不会是在课堂上，因为我会叫醒他！如果明天仍有不可救药，那一定不是结果，那是我的一味药。"

好义。老郭讲信义，比如他答应来做榆中老王和我的讲座，不管他多忙，不管有多远，不管交通有多不便，他都能和工作室的成员按时赶到，圆满完成计划内容，还免费送上一批图书，并且随遇而安，即使相识不久、不深，对有些人、事也往往是尽力成全。

好古。他喜欢优秀的传统文化，曾经在课堂上给学生进行系统的《弟子规》讲座。他经常背的那个几十块钱的小黄包里装着一些《菜根谭》之类的典籍，还说"咬得菜根，百事可做"。

好写。他是市作协会员，喜欢写文章，也写得一手好文章。每天工作之余，他都要写一些文字，久而久之，积少成多，越写越能写，越写越爱写，越写越写得好。我观《我的教育守望》中的内容，比起他的前两本著作——《三十而立》和《春耕集》，让人更爱读，也更耐读。

好酒。好文之下，本来还应该有一些正经的东西，但我却要谈到老郭与酒了。老郭虽不能说是"诗酒文章，天下无双"，但也可以说是"诗酒双绝"了。他坦言："对于喝酒，我也是有情结的，从常喝常醉到如今的小酒怡情，早已不愿将大把的时间浪费在饮酒吹牛、醒来忘事上了。但我却深知酒素来不是凶猛之物，有时候除了暖肠胃，对人的精神也是一种安慰。"他曾经自己提了两瓶酒，与学生的父亲痛饮，是为了解决那个学生的家庭矛盾，事成醉归，却迷失了回家的路。他说："时至今日，我依然欢喜饮酒，却大多沉浸在享受快乐和珍惜当下中，借助酒水的力量，同朋友们分享自己的想法与希冀，也再没有能力痛饮一瓶酒了，毕竟拯救别人的希望是要以身体为代价的。""只要能够带来希望，我依然会选择端起酒杯，为往事、今事和未来，干杯！"有人说"大胆文章拼命酒"，老郭的文章越写越好，老郭的酒也越喝越少，越喝越清醒。记得有一次酒后，我的一位朋友要送他一件名人制作的黑陶梅瓶，他拔腿就跑，事后给我说："一是无功不受禄，二是君子不夺人之爱，三是怕拿人的东西，却给人办不了事。"

好学。老郭是好学之人。他喜欢读书，喜欢向高手学习，喜欢与朋友切磋。他向金城名师、名班主任付建美老师、辅良大哥、静玉老兄多方请教；他与文奇、宇坤老弟经常切磋；他和榆中老王、我们红古的一帮同仁经常联系；他还与梁岗等一些高人一起策划一些活动……可以说是读万卷书，行万里路，还得到了高人指路，也走出了自己的一条路。

好思。"学而不思则罔，思而不学则殆。"老郭勤学，还善思。他看到一株不知名的小花不经意间绽放，写下了"我主观定义了一个孩子，他却在不经意间成长和绽放，用自己世界中的大能量震撼了我内心深处的自私和狭隘。面对一个坚持不懈的生命，没有什么人和语言可以阻碍他的成长和绽放。对我而言，这是一份不经意；于他来讲，却是一份大坚持。我亏欠他的，都被天地弥补给了他。这不经意的绽放，却给我带来了长久的反省。"他看到成长就想起了衰老；他看到"戾气"便谈起了自救；他听到大家都说好，就想这是"为了谁的好"。"我思故我在"，老郭有思想，因为他善思，因为他乐思，因为他巧思，因为他深思。

好做。心动不如行动。老郭是一个行动派，有了想法就付诸行动，而且善于行动。他曾经制作了一段段小视频，生动地指导学生打扫卫生，也曾经制作了一段段的微课，让学生进行英语学习。此类行动，不胜枚举。

好说。老郭有一副好口才，然而他的好口才并不是天生的。他说："我小的时候，两三岁了都无法完成完整的语言表达。""我时常感恩于那时的诸位老师，是他们一次次地在课堂上、在活动中给予我机会。在读书的同时，我背字典，苦练发音，确实吃了些苦，但为了适应学习环境，我一次次地逼迫自己，要学会在人前自信地表达。""工作后，站了快二十年的讲台，参加了无数次培训，从最初的低头，到站在台上滔滔不绝，我所经历的变化，就是一种为适应环境而做的改变。环境逼迫了我，师长鼓励了我，从自卑到自信，只有走过那种痛苦，才有了如今的我。"记得我们一起参加兰州市名班主任竞选答辩时，他口若悬河，兵不血刃地夺得了第一名。听了他的多次讲座，他都是全场站着，脱稿演讲，声情并茂，流畅自如。很多人由衷地称赞他："口才真好，还会发声，音质也好。"我真不知，他是在抽烟喝酒的同时做到这些的？至今，他已进行了上百场讲座，既有市内的，也有省内的，还有省外的。收获颇丰。

好书。老郭的书法不错。他每天下班后，都要把自己关起来，练一阵书法。他写的字，不论谁要都给。不久前，他还为我手抄了一篇《蓝莲花》："没有什么能够阻挡，你对自由的向往，天马行空的生涯，你的心了无牵挂。穿过幽暗的岁月，也曾感到彷徨，当你低头的瞬间，才发觉脚下的路。心中那自由的世界，如此的清澈高远，盛开着永不凋零，蓝莲花。"那是他心中的蓝莲花，也是我心中的蓝莲花。

好乐。酒酣耳热之际，老郭会伸出他的手指头，让我们看他指头上的老茧。他从少年时就开始弹吉他，直到现在，一有闲暇，他还会自弹自唱，或者是为他的一对儿女弹唱一番，或者是在聚会时为众人弹唱一曲。

好球。他从小就喜欢运动，尤其喜欢足球，也打乒乓球。他对球星、球队很是熟悉，还动不动给别人做足球竞猜的网上指导。

好渔。他好钓鱼，因为他的老父亲好钓鱼，他便经常开车陪老人家钓鱼。写到这里，我想，他有没有直钩垂钓的意思呢？

好禅。老郭经常写《心经》，身上也有一些"佛系中青年"的感觉。可我总觉得，老郭是那种"酒肉穿肠过，佛祖心中留"的主儿。

好静。他虽然能说，也爱运动，但人多的时候，他还是静静的，不动也不说，让我想起那句话——"知止而后有定，定而后能静，静而后能安，安而后能虑，虑而后能得"。

好侠。他还是一个任侠之人，喜读金庸、古龙的小说，喜欢文中那些大侠义士。他特别讨厌那些阿谀奉承之辈，大有"青白眼"阮籍之范。

好斗。他小时候就调皮，上大学时，又黑又瘦又小的"小郭同学"还在抢他生活费的人高马大、孔武有力的体育系的那小子屁股上扎了一刀。刚上班时，他还把不服管教的学生打得满头是包，惊动了报刊记者，闹得满校风雨，好长时间不能平息，真有血性啊！

好爸。老郭是个好父亲，他深爱一对儿女，即使是在外地学习，也每天必与孩子视频，关注孩子喜欢的东西。他深知为人父母的责任，看到那些不称职的父母，便深为痛切，写下了一段又一段文字，"如果我们奔忙到停不下来看看自己孩子的时候，孩子之于我们，便只成了借口；如果我们的未来真的是为了孩子，那未来之于我们，就可以暂缓。爱一个孩子，假不得。""做有耐心的家长,勇敢地'耽误'时间在孩子的教育上吧,我们会得到教育的回馈。""做有真心的家长,唤起内心的人性吧,我们会留给孩子真正的财富。未来不可期,而孩子就在眼前。"

好夫。老郭无疑是一个让妻子放心的好丈夫。我们一起聚会,他对待女士总是敬而远之。老郭自己曾说,他夫人对学校领导说:"你可别让我们老郭干这干那啊,他可啥都会呀。"可见夫妻感情之萌、之笃、之切。他对自己出门应酬之事更是严加控制,上完班后,能待在家里就待在家里。

好儿。老郭的家也在我们这个地方。他对父母非常孝顺,不是把父母接过去住,就是回来看父母,还经常陪着父母一起外出。他写道:"想家的深夜如此漫长,我依然在思念着小镇,我那操劳的父母,我那熟识的街道。中秋月将明,恐怕又不能回小镇了,也不能与父母团圆了,请将我对那小镇与父母的思念汇成一种声音,由风代为转达吧。"

好友。他好交朋友。我与他相识,也不过四五年,他曾说我们是"君子之交淡如水"。我们曾经同学、同游、同住,交流思想,漫谈书法,畅聊足球,在小酒馆里推心置腹。他说自己如获至宝般地珍惜着同我的友情,我也在这里说我如数家珍地数着同他的友情。"感此怀故人,中宵劳梦想。"

好吃。每次外出,老郭总是流连于那些地方小吃。如果他不见了,搜寻之下,他不是在吃着臭豆腐,就是在喝着鸭血粉丝汤,或者啃着蹄子。回到我们这里,他也总是惦记着"张记烧烤",惦记着烤蹄筋,十足一个会吃、爱吃、能吃的"吃货"。此人好逗呀!

"好"与"好"言犹未尽,情和事纷至沓来。

老郭的爱好和好处里,有他的公德、私德,有他的教育情怀,有他的著书根基,有他的生活情趣,由这些,我想起了古仁人人生的至高追求——"立德、立功、立言"。我辈要做到这"三不朽",恐怕是非常之难,老郭却已做到了一点点。不知道他还能做多少?我期望着有一天,他在这些至情至性的文字中,提炼出至理至真的教育之道。期待着一个教育家老郭的出现。

这就是老郭,好俗,好雅,好人,好老师,一个总想飞得更高的人。

"九万里风鹏正举",祝老郭大鹏展翅,鹏程万里,翱翔于教育的蓝天,以慰其平生之志!

孙宏

于兰州市第七十一中学

> 孙宏,兰州市第七十一中学语文高级教师,甘肃省优秀园丁,金城名班主任,兰州市优秀教师,兰州市基础教育教师培训专家团队成员,兰州市文联成员,甘肃省心理咨询师协会会员,兰州市红古区教育督导成员。

我的教育守望

郭 浩

我时常问自己,这么多年的教学及管理工作,到底做了些什么?在成长的过程中,究竟在教育环境的浸染下有了哪些进步?每多一次静想,心中便多一分惶恐与忐忑。撇开荣誉的浮沫,所剩在自己心中更多却是失败与教训。

一次秋天的路途中,我远望田野,一片待收的庄稼地中立着几个稻草人。金风吹起,稻草人衣袖舞动,守望着这一地的果实,这安静恬然的画面久久驻留脑海。算起这二十多年摸爬滚打的教育经历,我也经见过果实的酸涩与甜美,也曾在修枝剪叶间流下汗水与泪水。年复一年,人来人往中,我的成就与失落也随着季节的风在飘来荡去,我也会随着那些成就与失落在努力与懈怠间起伏动荡着。

若非脑海中的画面,我实在不知自己两点一线的工作和生活究竟还有哪些前进的方向。那几个任凭风吹雨打、守望田野的稻草人，一次次地叩动我的心门。原来安静与守望是那样的美好，我也愿意做一名教育中的守望者。

守望成长，无须过多的言语，只需要开源头之活水，带着真情去浇灌，将一点点正向的阳光与能量，真诚且公平地撒播下去。收获之路是永无止境的，而每一份点滴的收获，都会与一个真实的生命有关。

守望喜悦，在过程中融入自己的汗水与泪水，待得千树万树花开，春风鼓动着坚持和努力，那些被善待后的种子，每一次抽枝拔穗，都能映见我的微笑。人世间真正的喜剧，总要伴随着努力的汗水与泪水。

守望失败，在心中释放自己最大的能量。年分春秋冬夏四季，人的每段成长也都蕴含着历练的故事。回避失败，是对自己生命的不公。

守望自己的快乐。曾经读过一则故事：有一支淘金的队伍在沙漠中行走，大家都步履沉重，痛苦不堪，只有一个人快乐地走着。别人问："你为何如此惬意？"他笑着说："因为我带的东西最少。"原来快乐很简单，拥有得少一点就行了。快乐其实就是沉静中的微微一笑，抑或是回望过往时涌上心头的甜美。身有百技不如坚持一技，在守望中学做减法，在减法中品尝快乐。

守望，于我而言是一种适可而止，犹如美好的旅途，只有停下来才能静观风景，荒芜之地自有苍凉之美，清冷之处也有幽静深邃。把经历与思考化成文字，我更愿意去写一些教育中的失败反思和动情故事。那些观点与看法或许偏颇，但那便是我在教育中真实的伤疤，只有揭开来才能看到新鲜之处；那些生活与故事或许平常，但那就是我自身的寻常点滴。

朋友们，当你翻开这本书的时候，我的心中充满了温暖。如果我的失败能够成就你的进步，那当真是求之不得；如果我的故事能引你微笑抑或沉思，在共鸣之声中，你一定会看到我站在教育田野中倔强的守望。

郭浩于己亥初春

目 录
Contents

故事与生活

我和两瓶酒的故事 / 003

三圈儿 / 006

大梦手机 / 009

不经意的绽放 / 011

独自等待 / 013

对手的赞扬 / 015

积累中的"小确幸" / 017

几颗糖的故事 / 019

老三的故事 / 022

鞠躬的道理 / 025

天真烂漫的事儿 / 027

一分的温度 / 029

一面 / 031

云中书信寄深情 / 033

于无声处 发慈悲心 / 035

我只是一只鸭子 / 038

挑食 / 041

戴耳环的孩子 / 043

覆水尽量收 / 045

孤独的影子 / 047

关于"状态"的问答 / 049

孩子，还记得埋在桃树下的瓶子吗 / 051

镜子的背后 / 053

花与灯光——记我的第二十一个教师节 / 055

初雪 / 057

我的旧喇叭——教师节忆点滴 / 059

站墙根 / 061

童年的"后花园" / 063

教子嗔心 / 065

后知后觉 / 067

空白 / 069

玩雪 / 071

我一转身，你便长大了 / 073

在他们眼中 / 075

以梦喂马 / 077

小名单 / 079

幸福的累赘 / 081

做一只麻雀 / 083

寻常的"日课" / 085

错误，是一面镜子 / 087

与遗忘竞赛 / 090

致敬"老战士" / 092

在寒冷的世界里温暖地活着 / 094

观点与看法

"逼"出来的能力 / 099

"高"未必"效" / 102

教育的"误工费" / 104

班主任与"马子禄" / 106

被转移的负担 / 108

变了味的口号 / 110

别那么简单粗暴 / 112

别让错误的教育贬值了人生 / 114

别人家的孩子 / 116

不可救药也是药 / 118

成长与衰老 / 120

惩罚的艺术 / 122

除却戾气方自救 / 124

春风在哪里 / 126

从圈养中突围 / 128

从《射雕英雄传》看教育 / 130

读"德"之悟 / 134

好看的皮囊和有趣的灵魂 / 136

花开自明 / 138

换一种气质去生活——写在世界读书日 / 140

回归家长 / 142

机会是一种很玄的东西 / 144

己所不欲，勿施于物 / 146

讲讲礼貌 / 148

谨于因，慎于果 / 150

尽人事，先尽责 / 152

拒绝文化禽兽 / 154

聊聊公平 / 156

没有，也是一种快乐 / 158

美丽的六角形结晶 / 160

那不是芥末，是恶根 / 162

逆反 / 164

疲累的"一把抓" / 166

泪水与善良 / 168

情绪就是世界 / 170

让新意生发 / 172

如果，你遇到了一个让你失望的孩子 / 174

上进是最大的素质 / 177

失败的"一拍头" / 179

属于自己的散文 / 181

恕道 / 183

为教育留白 / 185

为了谁的好 / 187

伪说 / 189

我的"一言堂" / 191

唯利家庭的幸福 / 193

无法忽视的"桥" / 195

为了谁的一切 / 198

也解"亢龙有悔" / 200

也说"嫌疑" / 202

也谈"星期天现象" / 204

优秀的根本到底是什么 / 206

有一种努力叫"感觉努力了" / 208

遇见低调 / 210

这一跪，掉下的太多 / 212

躁何如 / 214

遇见合适 / 216

原谅的光芒 / 218

在故事中成长 / 220

只要有温度，就是节日 / 222

在坚持中进步 / 224

自主管理的背后 / 226

走到沉重背后 / 228

尊重与敬畏 / 230

关于"禽兽教师" / 232

故事与生活

我和两瓶酒的故事

跳下校车，天已全黑。疾步回家，在人行道旁遇一醉汉，手扶槐树，昏言醉语，不知在向大树倾诉些什么。须臾间，几个朋友将他扶上了出租车，出租车便也带上了一些酒气，瞬间消失在夜色中。我驻足望着出租车的方向，不禁微笑，或许当年的我也如那醉汉一样吧。

对于喝酒，我也是有情结的，从常喝常醉到如今的小酒怡情，早已不愿将大把的时间浪费在饮酒吹牛、醒来忘事上了。但我深知酒素来不是凶猛之物，有时候除了暖肠胃，对人的精神也是一种安慰。

酒中乾坤自大，有时候让人有着"莫如醉去"的狂放，于是常在酒后归家路上不顾旁人目光地自吟："昨夜松边醉倒，问松我醉何如。只疑松动要来扶，以手推松曰去。"酒中自有学问，这学问有时甚至高到了"醉时亦清醒"的境界。

不由得想起十二年前的一次大醉。记得那时，我班里有一位聪明的男孩子，成绩和表现都很好，却常常多虑多思，并不快乐。我安排他担任小组长，他也不多说什么，只是以完成任务为基本要求。我对他奇怪的表现感到纳闷，却也一直没有机会深谈。直到有一天，他流着泪来向我求助，向我讲述了他家中的事。原来，他的父亲是个酒场常客，应酬颇多，每饮必醉，每次醉酒，都将在书房学习的儿子唤到眼前，高兴时讲讲家史兴衰、人生苦短，难过时便非骂即打，母亲也不敢过多言语，因此常常耽误了儿子的学习时间，影响了儿子的心情和学习状态。近来父亲醉酒更是频繁，让儿子苦不堪言，因此在学校里郁郁寡欢，甚至害怕回家面对父亲。

我顿时觉得这位父亲不可理喻。那个年代还没有如今这样普及的家庭教育观念，因此，在一个家庭中，父亲的言行都是对的，稍有不顺从便会产生恶果。我询问他父亲的其他爱好，孩子思索良久，然后斩钉截铁地告诉我："喝酒！"好吧，那就只好从这个父亲的爱好着手突破了。

于是我准备了两瓶在当年算是好酒的"陇上人家"，在征得孩子和其母亲的同意后，给这位父亲打了电话，约他在一家小火锅店见面。不出所料，这位父亲痛快地应邀并按时到达。于是，酒端上，再端上，却什么也不讲，先大口吃喝。我的饮酒经历告诉我，同一个男人交流，在没有达到对方酒量一半的时候，那酒还在胃里，并没有渗入心中。但是这"达到他一半酒量"的过程，于我而言却是漫长而痛苦的。直到我面红耳赤，视物成双的时候，才终于开始了两个男人间的真诚谈话。对于这位父亲而言，饮酒的原因无非是工作和生活的压力，不可不去的应酬和身不由己的醉酒使得他变成了现在的样子。当我把他儿子的想法告诉他时，或许是酒水的作用，他流下了眼泪，说从未想到自己的行为对孩子造成了这么大的影响。"到底是儿子的未来重要还是眼前的酒水重要？"昏沉之间，我要他做选择。他突然站起来对我说："我要回家，给孩子认错！"我也在酒精的作用下冲动了："我陪你回家，看你上楼！"匆忙结账后，我瞥了一眼酒瓶，一种成就感在胸中回荡。如果两瓶酒能让一个父亲回家并向儿子认错，那这酒里充满了善意；如果两瓶酒能让一个孩子从此有了安静的学习时光，那这酒里充满了希望。遗憾的是，在目送那位父亲上楼后，我却迷失了回家的路……

第二天，依然略带醉意的我同孩子交流，一切都充满了喜悦。父亲果然没有食言，儿子得到了宁静。更令人欣喜的是，在孩子毕业后的一个教师节，我收到了这位父亲托人带来的两瓶酒和他发来的一条短信，我愉快地收下了两瓶酒，感动地读着这条短信："改日一定同您再饮。"

十二年过去了，当年的孩子已经硕士毕业，有了稳定的工作，当年的父亲也已经事业腾达，我们却再没有兑现那条短信上的诺言，也没有机会再饮。时至今日，我依然喜欢饮酒，却大多沉浸在享受快乐和珍惜当下中，借助酒水的力量，同朋友们分享自己的想法与希冀，也再没有能力痛饮一瓶酒了，毕竟拯救别人的希望是要以自己的身体为代价的。但那时光中的两瓶酒，却总在旁人痛斥饮酒之罪过时，成为我优雅的反例。其实无论酒中有的是乾坤还是学问，只要能够带来希望，我依然会选择端起酒杯，为往事、今事和未来，干杯！

三圈儿

早上泡茶，茶叶盒上的一行小字将我带入了回忆。那是一行用蓝色中性笔写的五个字："谢谢郭老师。"我感慨时光之快，一转眼，这份去年教师节时从遥远的杭州寄来的礼物，已经在我的案头放置了一年。我舍不得用甘肃的水来冲泡这龙井茶，更难以忘记这段往事。

十二年前，她是我的学生，而我也正年轻。她无忧无虑，我也无拘无束。她成绩很好，我也一如所有的班主任对待优秀学生的态度那样，关心、呵护甚至偏心于她。如同许多优秀学生一样，她的勤奋上进给自己带来了无数的荣誉和赞赏，但同时，她的好强也给自己带来了很多迷茫和痛苦。

记得一次期中考试后，她因为种种原因，只考了班级第七名，这样的名次对于大多数孩子而言都是优秀的，甚至在我的学生时代也没有关于这样名次的记忆。但是对于她而言，却成了失败和痛苦的根源。她连续几天萎靡不振，最终被我发现了她的低落。当我从她的口中得知这痛苦的原因时，我的心情也随之低落。如果竞争不是为了更好、更快乐地上进，那不如没有竞争。如果竞争带给孩子的是畏惧和痛苦，那一定是心出了问题。我也是从竞争中一路成长起来的，但是人至中年，回头望时，却很难忆起自己的高峰与低谷，很多残酷的竞争和残忍的结果都在时光中变得云淡风轻。唯一不同的是，这条相同的路，我幸运地走过去了。但对于她而言，却正在其中。不识庐山真面目，只缘身在此山中。

我决定同她在操场上走三圈。她如约而至。不到三百米的跑道，我们开始走第一圈。步伐缓慢，言语温和，我开始讲过去那个快乐的、无忧的她。一个关爱家人、尊重老师、关心自然的孩子，带着不错的成绩一步步地成长。一圈后，我们停了下来，她的脸上露出了微笑。沉浸在对成功的过去的回忆中，每个人的微笑都是真实、甜美的。

我们开始走第二圈。我讲起了现在。环境变了，同学变了，成绩也变了。在这诸多的变化中，唯一没有变化的是自己的上进和勤奋。有些时候，上进和勤奋同竞争无关，而是一种习惯。把上进和勤奋当作竞争的工具，人就会成为竞争的奴隶，从而沉浸在过去与现在的对比中无法自拔。把上进和勤奋当作习惯并融入生活，现在才会变得有意义，人也会变得更加充实和快乐。这一圈，因为聊了很多，所以走得更慢了。都是一圈的距离，走慢了叫作享受，走快了叫作奔波。很多时候，人和人之间的差距就在于此，就在于拥有着同样的时光，行进的方法却不同。

她迫不及待地在走完第二圈后继续走下去，我却坐了下来。这第二圈属于现在，如此美好的现在，我怎么舍得让它那么快地过去？我们互相看到了快乐，因为我们同样感受到了现在。很多人都在未及感受现在的平淡与美好中匆忙地走向了未来。坐下来，品味一下现在的得到和失去，咀嚼一下失败的味道，让所有现在的成败都在心中各归其位，然后带着信心和快乐走向未来。

第三圈，我加快了脚步，带出了一丝微风，她紧随我行。我不再讲话了，因为这一圈是属于未来的。未来是什么？我不知道。但我很清楚的是，只要带着过去的感受和现在的信心，踏实地落脚，欣喜地走下去，就是未来。整整一圈，我们都没有过多的语言，即将到达终点时，我问她："是终点吗？"她摇摇头。我很开心，一个孩子在走完三圈后，明白了未来是没有终点的，过去的都会过去，最美好的风景永远在下一站。"那未来在哪里？"我问她。"未来在我自己的脚下！"对！感念过去，珍重现在，未来就应该在每个人的脚下。

在她毕业后的十几年里，这三圈步行时常出现在我的脑海。我很庆幸自己那时的平和，带着学生走了三圈，也让自己多了三圈的思考，多年后发现，自己其实也不断地徘徊在这三圈当中，思考过去，感悟现在，憧憬未来。

于是拿起这盒过去的茶，认真地捧着茶杯，用现在的热水，冲泡自己的未来。

大梦手机

现如今，很多作业都从纸本转移到了手机上，利用手机留声、留图的便捷，既传递了声音，又交流了图片，而且年级越低，这样的手机作业就会越多。手机作业甚至在幼儿园里也"流行"起来。孩子们读了、唱了、写了、画了，都被要求录下、拍下，发到家长群中，算是完成了作业。手机被动地成了孩子们的另一个作业本，家长们的另一个战场。对于老师而言，手机作业又是什么呢？在我看来，也许只是大梦一场。

这是一场多媒体信息教育的美梦，有了这场梦，老师们便可以脱离纸笔，手握手机，开展起现代化教育。殊不知，这一份手机作业的背后有着多少心酸。不会用手机的家长倍感煎熬，每每望见手机作业都要求人帮忙；督学严谨的家长心中着急，如此释放手机，究竟对孩子有无增益；实行自由化管理的家长被蒙在鼓里，不知道孩子早已用手机做了别的事。

这是一场解放老师工作量的大梦，若干年后，没有几个孩子会记得老师留的家庭作业。布置作业的目的亘古不变，就是对课堂学业的巩固和检测，离开这个目的去布置作业，从根本上而言是毫无意义的。对于老师而言，批改作业的工作量大了可以调整，但将作业转移到手机上，以图减少工作量，难道不是梦吗？更可怕的是，这并不是美梦。有多少孩子堂而皇之地问家长要手机？有多少孩子用娱乐的心完成了作业？又有多少孩子因为这份作业而改变了自己的学习态度甚至生活态度？谁又知道，在手机作业的那一边，真的是老师认真的眼和心吗？

这真的是一场大梦。有了手机作业，老师可以名正言顺地要求家长安装软件，手指一点，几道"娱乐试题"便被布置下去。家长们每天都要紧盯手机，生怕错过了这"重要"的作业。可是当让孩子们面对这份作业的时候，却发现布置的内容和课程内容相去甚远。当软件自动生成了作业情况统计，得"优"的孩子和家长喜不自胜，在群里谢谢老师；未完成作业的，家长忙着催促孩子。更有甚者，为了将一份背诵作业尽早提交给老师，挣得一份"面子"，有的家长会让孩子读来应付，然后收获群里一片点赞之声。家长的手机提示音不停地响起，看到的都是成片的大拇指和玫瑰花，疲惫不堪，荒唐至极。这样真的好吗？

手机本无错，我们可以用手机来学习，但有多少学生真正能够用手机去学习？在手机作业的梦里，我们风光无限，回到现实却没有任何的改变。我也曾给学生留过手机试题，期盼能够提高学生的成绩，但最终还是放弃了，究其原因就在于，手机作业带给学生更多的是乐趣，对于巩固和提升学业却是大梦一场。于是我只同家长和学生分享自己制作的微课和录音，其目的也只停留在方便监督和加强学习方面。

几年过去了，我没有在手机多媒体教学方面做任何创新，因为手机同作业本不该在一个"频道"上。当两件事情本不该有交集的时候，如果我们拼命寻找交集，这样的徒劳无功无异于一场美丽的梦。

不经意的绽放

连续几天经过校园的绿地，都能看到一株不知名的小花，在清冷的秋风中带着未放的花苞逐渐枯萎。我常常担心它的命运。在同自然的抗争中，或许还没有来得及向世界展示它最优美的样子，就结束了自己的生命历程。

今早秋风依然寒冷，我却惊喜地看到它带着枯萎的叶子，伫立在冰冷的土壤中，绽放了它唯一的花苞。紫色的花，不卑不亢，在清晨阳光的映照下，美丽中透着坚韧。于不经意间生长，于不经意间开放，这不经意，来自于它自身的坚韧，更来自于天地的恩惠。心中突然掠过一丝愧意。我每天看到它的枯萎，是我对它生命的定义，而大自然却赋予了它不经意的绽放，击溃了我认为这株小小生命无法延续的想法。是啊，我们有时候对他人所下的定义是那样的主观和偏激，殊不知在时间的流逝中，在自然法则的作用下，每一个生命或许都将突破我们狭隘自私的定义。恰如这紫色的小花，没有挺拔的身躯和艳丽的色彩，却用不经意的绽放震撼了我。

记得多年前的一位学生，其貌不扬，成绩平平，在很多班级活动中都只是一个配角，甚至在毕业照上也站在最后一排的角落。在中学三年里，他一直没有引起我过多的关注，唯一让我印象深刻的是他从不淘气，也从不违规，总是安静地看着自己的书，平凡得甚至可以忽略不计。也正是由于他这样的表现，我在三年的班级管理中并没有过多地关注和关心他，以至于在他的毕业留言册上，我都只赠予了他"平凡地生长"五个字。多年后的一次生日时，我接到了一个陌生的电话，居然是他！一个曾让我忽略的学生居然仍记得我的生日！这已经让我大吃一惊了。接下来的聊天，他给我带来了更多的惊喜。他已经在南方的一所大学完成了博士学业，有了体面的工作、温柔的妻子和可爱的孩子。我忙不迭地表达谢意和送上祝福，电话挂断后，我却久久地难以平静，惊喜和感动变成了愧疚。我主观定义了一个孩子，他却在不经意间成长和绽放，用自己世界中的大能量震撼了我内心深处的自私和狭隘。面对一个坚持不懈的生命，没有什么人和语言可以阻碍他的成长和绽放。对我而言，这是一份不经意；于他来讲，却是一份大坚持。我亏欠他的，都被天地弥补给了他。这不经意的绽放，却给我带来了长久的反省。

此刻再看眼前这株小花，也如同那位学生一样，无论世事更迭，四季轮转，自己的世界却始终坚强如一。

抬头仰望蓝天，慨天地之博大。你若自强不息，我自厚德载物；你若忙不经意，我自迎风绽放。好一株不经意绽放的小花，用自己小小的生命望低了我这本就平凡却又常常自负的生命，用秋凉中恬淡的一抹紫色覆盖了我心中许多娇艳的色彩。

带着崇敬弯下腰去，此刻，它是我的老师。

独自等待

武仕贤导演的作品《独自等待》的结尾有这么一句话："献给从我身边溜走的那些人。"很多人都非常喜欢这句话，它也恰恰映射了"独自等待"四个字。

我偶尔也会沉浸在过往的时光中，脑海中也会闪出过往的许多人和事。他们有的带给我快乐，有的带给我悲伤，有的带给我如阳光般的温暖，有的带给我如针扎般的痛楚。时至今日，我还能在通讯录中寻找到那些姓名，却早已没有了任何联系。他们都从我身边溜走了，只留下了一个空壳。

生命中，唯独过往是确定的。无论成败得失，那些人和事都会消失无踪，留脑海以印迹，赋生命以重量。向前看，未来捉摸不定，身后的影子却又随着现在的心境，被无数次拉长或是缩短着。

记得高考后，我也和几位要好的朋友相约未来，于是为了一份友情的约定，常常从城市的一端奔赴另一端，短暂相聚后又走进各自的世界。人最可怕的莫过于无法长久地坚持，于是无论学业的繁忙抑或友情的新交，都让我们不出几年便失去了赴穿城之约的力气，开始在电话上互致问候，久而久之便没有了音信。那些姓名和号码，成为通讯录里的空壳，我甚至没有机会去验证那号码是否依然被使用着。

他们从我身边溜走了，没有缘由。我也一样。或许在他们那里，我连空壳都没有留下。

直到我看见春天的爬山虎在愤怒地生长，分枝、爬高、与主干告别，然后再分支、再爬高、再告别；直到我看见夏天的大雨在洗刷大地，冲刷了此处，又去了彼处，积水渐渐风干不见；直到我看见秋天的花朵同植株告别，枯萎、变色，随风飘落，等待化作春泥；直到我看见冬天的冰雪一次次覆盖大地，又一次次地消融……

原来，无论是"忆君迢迢隔青天"，还是"别时容易见时难"，对于过往的人和事而言，溜走都成了必然。如同我们留不住自己身体一样，过往对于现在而言已经成了回忆，而对于未来的意义也更加微不足道了。

他们的溜走各有各的意义，但无论如何都是成长而至的必然；我的溜走也来自于成长，如蛇蜕皮一般，将自己固化了的形象留在他们的记忆中，而我早已奔行于现在，向远方招手了。如同李白在诗中所云："弃我去者，昨日之日不可留。"我没有如此气概，却也知道那些溜走是留不住的。过好今日，面向未来的独自等待，迎着阳光愤怒地生长，才能不负那些溜走的过往。

同是太阳，回头时是夕阳，转头时已成朝阳。

对手的赞扬

实际上，在工作和生活中，我经常是一个失败者。

工作中代课、带班总不如意，那个在成绩上和管理中不上不下的人总是我，而名不符实的荣誉和虚名却渐渐多了起来。好在随着年龄和经验的增加，自己慢慢放下了很多。能够坚持一点自己的东西比什么都重要，能够善待那些学生，比打他们板子、批评他们重要。可当年的我也曾疯狂地"压榨"学生，"蛮不讲理"地教育，是为了得到好成绩，更是为了得到对手的赞扬。我将那些对手的赞扬看得很重、很大，像一个气泡，几乎占据了我全部的内心。

生活中，我也时常在柴米油盐里乱了阵脚。吃点儿好的，再穿点儿像样的，掏出一部"高大上"的手机，只为了在别人的目光中能够高大起来。敏感得像一个气球，一捅就破。

人生似乎如同指南针，永远在南北、生死之间不停地晃动着，不知道何时能够真的停在某一个方向。年龄也总在同自己开玩笑，越长大，越觉得很多曾经追求的东西都没有了意义，沮丧后又在一次次修正着自己的方向。

课后听到学生聊天，似乎谈到了我，一声"老郭"清亮明晰。我很自然地看过去，学生们却像被风吹到的蒲公英一样一哄而散了。在校园里这么多年，将同行视为对手，将领导视为对手，最后才发现，真正愿意配合自己的对手其实是学生，他们真实而有趣，迷茫也天真。我在学生时代也曾经给老师们起过很多外号，大多是对老师的赞扬，诸如"活字典""真善人"等，当时未能体会到老师的感受，直到自己做了老师方才感受到，这份赞扬是真正应该被重视的，毕竟"金杯、银杯，不如老百姓的口碑"。

学生给我起的外号，从最初的"屠夫"（那时还会动怒，打学生板子），到后来的"坦克"（身体开始发福了），再到"小二黑"（形象也发生了改变），最后到了"老郭"。我若不站出来认可一个外号，势必会有更多充满个性的新外号如同雨后春笋一般冒出来。于是我主动对"老郭"表示了欣喜和认同。似乎很多班主任都有一个叫作老什么的外号，比如"老郭"就从我的青年时代叫到了中年。我始终将这些看作是对我的赞扬，还偶尔沾沾自喜，毕竟它比起之前的几个外号要优雅许多。随着毕业学生的增多，原先的外号都在时光中烟消云散了，唯独留下了"老郭"。在时光中能够留给那么多学生一个外号，也是我的造化吧。奇怪的是，学生们也似乎渐渐地懂事了，几乎从来不在我面前有任何不敬，却清一色地在背后赞扬我，有时路过听到，我也笑而不语，赞扬嘛，别亵渎了。

就这样，我明白了一个道理：找到真正的对手，听懂真正的话语是多么的重要！哪里来的对手啊？真正的对手就是昨天的自己，而真正的赞扬并不在遥不可及的名利中，它就在我的身边，默默温暖着我。如同父亲很少赞扬我，我却总是心照不宣地知道他会时常因我而自豪；如同嗓子发不出声音时，除了家人，更多的关心都是来自于学生，那一瓶不知道是谁放在案头的"念慈庵"，永远暖过那些我曾经追求过的赞扬和夸奖。

赞扬也如同外号一般，很容易像那些"屠夫""坦克""小二黑"一样湮没在时光中，变得没有了意义，唯有驻留在心中的、带有温度的赞扬才会促人前行。

回头看看吧。如果今天做了一件比昨天有进步的事情，哪怕多给学生讲了一个词，也能看到昨天的自己在知足地微笑。

积累中的"小确幸"

我也看村上春树，喜欢他的"小确幸"。我相信人生中的很多"小确幸"都来自于积累：书读得多了，便积累了教养；人识得多了，便积累了城府；事做得多了，便积累了圆通。很多积累是要靠韧性的，做生意积累财富，其背后必有辛酸；做运动员积累荣誉，其背后必有伤痛。而我却是一个积累文字的人，身在教育中，有时候却有点"不务正业"。

我喜欢看道理，也喜欢讲故事，一个人愣愣地出神，要把悟出来的道理写成文字，然后在积累中跋涉，每完成一个小目标，都会为自己暗自叫好。由小目标渐渐变成大目标，从几万字到几十万字，然后再朝着几百万字去努力，好像那些文字是人民币一样，让我不断地追求着。

积累生活中的文字，是因为我想让自己不要那样麻木。"春有百花秋有月"，不能因为我工作繁忙或是家务琐碎，就折了那份欣赏的心境。积累工作中的文字，是因为我想激励自己，不能一味地低头在一线冲锋，冲一冲，再回头望一望，想一想，自己做对了什么，做错了什么，还能再做什么。很多朋友用"毅力"二字赞我，我实不敢当，因为这份积累是带着私心的，不论是留恋我的过去，是品味我的现在，还是充实我的未来，都是以"我"为中心的。

近五年间，我开始有了些豁达之心，渐渐地希望自己的积累能于人有用，哪怕是让人温暖也好。生活中的烦恼甚至是歇斯底里，终会在平凡的日子中消亡。工作上的虚实高低，也会随着时间悄然飘走。只有文字才能留下些平凡的痕迹，让自己在积累中存留一些光和热。我常想，多年后，当我老去，不再做老师了，也一定会有很多曾经因为教育而和我有交集的人能够想起我，当我把几百万字当作礼物送给我的孩子时，她也一定会在父亲的文字间感受到生命的力量。于是我把每段文字都当作自己的"小确幸"，读书时用笔轻轻地画，那是与作者神交后留给我的礼物，同一本书，或许只有我画过那段文字，"确幸"得很。讲课后，我会把自己的所谓"妙语"记录下来，毕竟不是每个课堂都有那样的感受啊，仍是"确幸"。同学生和家长的小误会、小矛盾解开后，我把那烦恼的故事用文字存留，多年后再看，去体味曾经的失败，感激得很。写作时，我用心组织每段文字，让脑海中的想法畅流，想到看这些文字的朋友们，欣慰得很。这些"小确幸"，让我常存感恩和欢喜之心，也带给我很多的惊喜和快乐。

写得多了，自己都忘记曾写了什么，但积累下来，却总有很多目光在关注。前日收到了《教育家》杂志寄来的样刊，惊喜地看到自己的文字被当作卷首语刊载出来。写了这么多年教育随笔，我曾功利地去投稿，品尝过"全军覆没"的难过；我也花钱发表过文章，拼凑之余常鄙视自己，却收到了功利的结果。有时候，在写作上的清高是大师们的事儿，而我总难免俗，唯一能做的就是继续下去。"问渠那得清如许，为有源头活水来。"文章若要有意义，头脑必须常思常想，把它们当作是对自己的磨炼。

或许是写的文章多了，别人关注得多了，便带来了一些让我惊喜的发表，这是我的"小确幸"，更是一份鼓励。就像买彩票一样，中大奖的多是长年累月、一张张废票积累出来的。很多事情的成功都来自于基础，比如楼盘要建起来才知道是否有人会买，一个孩子要成长起来才知道是否对社会有用，就连航空母舰，也要造出来再能彰显军威。

我的"小确幸"就来自于这些积累，或许不是最好的，但总是适合自己的。

几颗糖的故事

大教育家陶行知有著名的"三颗糖的故事",讲的是赏识教育,用糖果帮助孩子改正了错误。我也有"几颗糖"的故事,也帮助孩子改正了错误。

多年前,我带班时曾经用过这样的方法:班里有一位同学十分贪玩,每天放学后不回家,带着两个同伴在操场上打篮球,置自身学业于不顾。家长很着急,孩子又很叛逆,加之又是放学时间,老师并不好管理。我也用了很多招数,讲道理、警告都无济于事。

一次,我在一本禅书中读到有关"人性"的内容,讲了人性的很多弱点,其中最大的弱点莫过于对于物质的追求,也就是贪心。有了物质的刺激,很多不愿做的事情都会去做,而一旦失去了这种刺激,便觉索然无味,提不起兴趣了。在成人的世界里,加班便是如此,若是没有报酬的加班,大多数人都会抵制。物质世界总比精神世界来得简单,看得见也摸得到。这些道理让我恍然大悟,其实调教学生也应该是多方面的,有时候站在讲台上所讲的,无论是学习还是德行,都是想在学生的精神层面上助力。而人是不同的,有些"路"在精神世界中行得通,有些"路"就非要在物质世界里走。联想到这个贪玩的孩子,玩是他的天性,他所贪心的,是放学后的那一点时间。玩的时间不少,为什么一定是这个时间?对了,他一定是想带着几个伙伴,行他人不行之路,所以"玩"的背后,是想展示自己的与众不同。与其说他是贪玩,不如说他是贪恋那种感觉。想明白了,我便开始行动。

我准备了一些棒棒糖，告诉这个孩子："锻炼身体是一件好事。你每天放学后玩二十分钟，我会给每个孩子发两个棒棒糖。"我看出了孩子眼神中的窃喜，他却没看出我言语背后的招数。于是连续三天，三个孩子都在放学后的操场上打篮球，不亦乐乎。我也言出必行，连续三天，每人奖励了两个棒棒糖。到了第四天，我改了条件，讲明每人两个棒棒糖太多，从第四天开始，每人只奖励一个。孩子略觉不妥，但毕竟还有一个棒棒糖，于是放学后依然很高兴。但我能明显地看到他们打篮球的状态已经下滑了，就是表演几下，熬到二十分钟，便领了棒棒糖回家了。一周后，我又更改了条件，告诉这个孩子，我月底手头拮据了，无法再奖励他们棒棒糖了。孩子脸上出现了明显的不悦，但由于这是自愿的奖励，他也无话可说。我依然告诉他们："每天放学后去打球啊！二十分钟呢！"奇怪的是，放学后我没有看到他们三个，第二天、第三天都没有看到。当贪恋从放学后的自我展现转移到我的棒棒糖上的时候，这个孩子已经开始了变化。当棒棒糖从多到少的时候，他热情陡降；当棒棒糖从少到无的时候，他兴致全无。这时候，不回家又能做什么呢？

以后的日子，我抓住机会讲了很多劳逸结合的道理，这几个孩子放学不回家的现象就再也没有发生过。解决这个问题的关键，就是利用了人性的弱点。人控制自己的精神很难，但是由于对物质的追求可见、可及，因此很容易从精神走向物质。孩子们更是如此。当精神层面悄然转换到物质层面时，这种刺激就容易控制了。更小的孩子们也是这样。有的幼儿顽皮，上课听故事都喜欢故意发出怪声，此时的批评会助长他展现自我存在感的"气焰"，对改正错误而言并无助益。但把这个精神的目的转移到物质上来的时候，老师便有了控制的机会，比如为出怪声的孩子"奖励"书签或是糖果，从三个到两个，再到没有。没有了奖励，捣乱便失去了意义，自然会消失于无形了。"润物细无声"，这份"无声"来自于思考。找到办法做事，效果会好很多。

无意间翻杂志，也看到过相似的故事。讲一个老人喜欢清静，但常常受到周边孩童玩耍之扰。于是老人对孩子们说:"我这里很冷清,谢谢你们让这里更热闹。"每人发三颗糖。孩子们自然开心,于是每天来这里热闹。几日后,每人只给两颗糖,再后来只给一颗,最后就不给了。孩子们生气了:"以后再也不来这里给你热闹了!"于是老人得到了清静。这样的例子很多。抓住了人性的弱点,很多问题便会在潜移默化中得到解决。

毕竟人的想法不好控制,但兜里有几颗糖,却是可以说了算的。

老三的故事

老三是我的学生。

之所以叫他"老三",是因为我那时极为钟爱艾米的《山楂树之恋》。我深知书中那份纯洁已经不可再有,但是那个不善言谈却纯如水、浓如血的"老三"却深深映入脑海。我敬佩老三的善良和隐忍,也为老三的孤单和不幸而难过,于是这个形象始终在我脑海中挥之不去。班里刚好有个孩子,帅气却内向,安静却也带了些许不安,我便将这个名字"送"给了他。

近日同"老三"在微信上闲聊,再次将我带回了那段有关和他和那个班级的岁月。在那个班级中,我偏爱几个有明显优缺点的男生。作为班主任,我发自内心地想去改变他们,于是日思夜想,以至于将他们排了序:老大、老二、老三。现如今的他们,每一个都是值得夸赞的优秀的年轻人,可是他们在初中时光中,却有着一些躲在阳光背后的瑕疵,而我也是在与他们共同成长的过程中,用了一些他们理解或是不理解的方式去完善他们,然后目送他们远去。

"老三"不爱说话,到了需要表达自己的年纪,却依然内敛含蓄。于是我便同他的不爱说话"对立"起来,让他发言,让他唱歌,甚至让他当小组长。对于其他小组,我都是提醒组长去和组员交流,而对于"老三"的小组,我却告诉组员要和组长交流。"老三"度过了一段相当困难的时光。由于沟通交流的不畅,"老三"的小组并不优秀。但让我欣慰的是,我读出了他的着急，而这份着急便映衬着他有一份责任心，这是一个男孩子应该有的品质。有了责任心，也就意味着有了体验失败的机会（因为没有责任心的人是不在乎成败的）。于是我笑呵呵地面对着他的失败，眼看着他感到愧疚和不甘。慢慢地，他开始改变了，心中的热情也在一点点突破内敛的外壳，和同学们开始有说有笑了。

如果说班主任如同阳光，照耀着学生，但那并不是真正的温暖，因为真正的温暖是孩子们内心发出的光。"老三"的内心有了些许阳光，于是阳光和阳光便有了互动，让一个孩子真正成长。时隔多年，"老三"依然感激我，其实我并没有做什么，只是刺激了他的内心，让他发生改变，然后天助自助者而已。

随着"老三"的逐渐开朗，他的小组更加团结了，成绩也一天天地好起来，他自己也交到了好朋友。这才是我心中的学生应该有的样子，但还不完美。我知道"老三"擅长唱歌，而我也喜爱唱歌，于是搞了很多次活动，在活动中唱歌。从最初我怂恿他，到后来他积极参与，"老三"在一次次活动中成了阳光男孩。如果在年轻时错失了展现自己的机会，这份无法树立起来的信心就有可能成为一生的阴影。幸运的是，我们有缘成为师生，更幸运的是，"老三"是个懂事、听话的孩子，即使有时我很粗暴地强人所难，他也会红着脸、咬着牙去完成，从不伤害我的尊严半分。也正是因为这样，多年后的"老三"才变得更加优秀，更加自信。

阳光男孩是受欢迎的，"老三"也不例外，也在懵懂的年纪开始同女生交往。我总是认为，这样的交往只要以双方的善良为基础，能够栽种友谊的种子，获得一份人生的经历，也不失为一种美好。于是我按照自己的方法去引导"老三"。这种另类的做法成就了另类的我，也给"老三"带来了一段美好的时光。如今，"老三"和当年那位"静秋"即将迎来一生之约。我想，如果人们都能将一份情感保持多年，那一定会映射出成长的美丽。

多年后，我常常去听有关"避免早恋"的报告会，却总是在会场里走神。在我所带过的班级中，终成眷属的并不止"老三"一例。作为班主任，我从未因学生收获了爱情而感到愧疚，也并没有专门寻求一些极端的方式和方法去解决学生的早恋问题。人本不同，情亦相随，我只有一种方法，就是用人性去解决人性的问题。我同"老三"相约，一定去参加他们的婚礼，因为那也是属于我的美好时光。

坐在这里想念"老三"的时候，耳机里正好传出久石让的《人生的旋转木马》。错落欢快的旋律中，我依稀看到"老三"带着穿着婚纱的新娘，坐在旋转木马上。那木马每旋转一周，时光便调换了一种颜色，从清寒的冷色调，渐变成温柔的暖色调。时光中，"老三"朝我招手，而我也带着所有关于他的美好记忆，欣喜地朝他挥手，一遍又一遍……

鞠躬的道理

送孩子上学，在路上遇到学生向我问好。孩子转头问："爸爸，他们为什么不鞠躬问好？那不是一种尊重吗？"我笑了，尊重，一个多么美好的词啊！尊，让他高；重，心存重。当我们对一个人表示尊重的时候，内心应当是无比快乐的。

记得在苏州中学的校园里见到黄厚江老师的时候，我像个孩子一样抱住他聊天、求合影。我读过他的两本著作，可是当我见到他本人的时候，却用那样不合时宜的行为表达了我对他的尊重。更可贵的是，黄老师也如同顽童一般，穿着朴素，言谈幽默。这样的画面如蜜糖一样，丝丝缕缕地浸润了我的内心，让这份尊重沉淀下来，重如磐石。

于是我给孩子讲了这样一个道理：一个学生，在他向老师鞠躬的时候，表达的应该是尊重之情，但事实往往不是这样。那些鞠躬大多来自于规范，很少来自于内心。我们总是在讲从量变到质变的道理，但是在从行为到精神的过程中，行为积累到了一定的程度，未必会有精神上的改变，如同鞠躬的学生一样，每天都鞠躬问好，未必就真的尊重老师。现如今，有许多学生当面鞠躬问好，转身就恶语骂娘。这不是尊重，只是形式积累多了，习惯成自然了，见到那个人，觉得应当鞠躬问好，仅此而已。

目送孩子走进校园，看见她遇到值周的老师们时，依然端端正正地鞠躬问好，然后走向教学楼。几个值周的老师并没有看到孩子鞠躬，依然在聊着天。我突然感到了悲哀，因为这样的场景我也遇到过。忽视了学生的行礼问好，次数多了也就亵渎了那份尊重，于是我们心未存重，日子一天天过去，只积累了一堆的形式。至于内涵，省略了。

我要告诉孩子，真正的尊重源于对精神和思想的敬佩，对崇高人格和出众才艺的仰慕，从心而发，从未有过诸多复杂的形式。尊重一个人，鞠躬也好，不鞠躬也罢，心底里知道他影响过你的思想甚至是生命，重重地存在于这个世界上，足矣。

天真烂漫的事儿

你捣蛋，我愿意将眼睛眯成一条缝，静静地坐在一旁，拿出一份看热闹的心境看你，看你从高潮到低谷的变化，看你从自我膨胀到心生愧疚的变化。于是你安静如我一样坐了下来，我们开始聊天，聊捣蛋的原因，聊未来的阳光，让静谧洒满心间，让天真如昼夜交替一样自然发生。慢慢地，你也学会了安静，看不上那些捣蛋的事儿了。于是你上了高中，上了大学，长成了大小伙子。

你撒谎，这谎言并未如锥一样直刺我心，却反倒像镜子一样映射了你的内心。于是我开始讲故事，讲我小时候撒谎被罚的后果，一边讲一边看你。讲到第三个故事的时候，你的从容淡定消失了，悔过写在了脸上，难过印在了心里。不需要写检查，也不需要请家长，有些错误就简单到讲了几个故事就能改正。

你离家出走了，我开着车在霓虹流光的夜幕中寻找着你探索世界的小小身影。在街角望见你的时候，我开心无比，原来你把课堂安放在了这里，却忘记了带上我。在肯德基的桌前，你捧着热橙汁，望着我开心地讲今天发生的故事，却只字不提自己离家出走这件事。我知道你离家的背后一定有着重重的负担，于是我也不问，认真地听你讲快乐。讲着讲着，你静静地流泪了，我去拍你的肩膀，"谁的青春不出走？记得回来就好。"于是我们共同归来了。我也常在精神的世界里出走，走向大海，走向高山，走进荒原，归来时依旧痛并快乐着。

你爸爸常饮酒，酒后经常拉着你讲道理，影响了你的学习。你苦恼无助，找到了我。年轻的我没有道理可讲，只有两肋插刀、意气用事，于是提了两瓶酒，约了你的父亲。像学生时代打架的"单挑"一般，我喷着酒气怒斥了你父亲的行为，带着他回家给你道歉。送我回家时，你"架"着我，我吐了一地，你看着我笑了。我忘记了自己是否在看你，但第二天再次站在讲台上看你时，我真的笑了，带着未散的酒气，带着"单挑"获胜的骄傲。

你曾经因为考试成绩不理想而怀疑人生，伤心地问我，自己是谁，来到世上要做什么。我沉默不语，低头写字，你就那样在我身边抽泣着。当一切归于平静，我让你看了我写的 "改变明天"四个字。你不哭了。我告诉你："每个人都在成长的路上做自己，遗憾的是我们常因环境和心境的变化而迷失了自己。你其实不是谁，就是你自己。让我们的明天与今天不同，勇于改变，幸福就在明天。"拿着我写的字，你笑了，我也笑了。多年后，你从海边寄来明信片，告诉我，自己过得很丰富，也很快乐。我把明信片夹进书中，也把你放进心中。泪水中，你改变了自己的明天；汗水中，我看到了你幸福的未来，并用最烂漫的文字记录着你的故事。

你已经是一位母亲了，时常抱怨带孩子的辛苦，连刷奶瓶都要发长长的抱怨给大家看。我回复你："有了孩子，就要像个孩子一样去生活。此时刷奶瓶是辛苦的，彼时孩子的成长就是快乐的。如果能用一份辛苦去换回孩子的健康快乐，做母亲的你也是快乐的。"你谢我，我却惭愧了。我也是一个父亲，却也常如你一般抱怨养育的艰辛，我劝慰了你，却也教育了自己。现在你的孩子上小学了，路上见到你，脸上常挂着笑，我很知足。

生命是缘分，生活是邂逅。青春和纷争，就是生活的主题曲。青和争，构成了静。用天真的心境去静观、静学，用烂漫的文字去记述身边真实的故事。文字里，我愿继续天真烂漫，静看世事变化，而你也一定能看到我的笑容。

我们向死而生，却要向真而活。

一分的温度

人立于世，做事的态度很重要。态度决定一切，而在做事的态度中，保有一份温度则更重要，否则，人浮于事，成了做事的奴隶，冰冷地面对周遭，久而久之，置自己于冷漠当中，日日寒冬，便没了春天的希望。将温度付之于态度，就要让人像个人，让人性在做事的过程中闪光。

教育也应该如此。走进校园，严肃的是墙上的制度和规矩，而如果失去了学生的琅琅书声和欢声笑语，校园便失去了温度。

初三诊断考试后，我的一名学生，语文只考了一分。这样的成绩犹如一盆冷水，兜头泼向了我和语文老师。我们在QQ上相互安慰着，说着当老师的不易，又谈到学生的不易，一点一点，用聊天的方式让怒气化作乌有，转而变成了遗憾。

在学生的教育上，我一直主张尽人事、听天命，尽我自己最大的努力，尽可能地扶助每一个孩子，而后，让时间和生命的历程去做公正的评价。但"尽人事"这三个字，却总是充斥着各种各样的态度：烦恼、焦躁、不安甚至愤怒。将其带入梦中，感受不到半点温度，只有一次次地告诉自己：是的，我在尽力，这就够了。面对这个考了一分的学生，若交给十多年前年少轻狂的我去处理，态度一定是极端的，要么愤怒，要么冷漠，毕竟成绩对于一位老师来说意味着很多。但当时光带走轻狂后，已为人父的我却渐渐发生着变化。面对如此学生，我心中泛起更多的是心疼和不解。我也曾在深夜时分无法入睡，记挂着自己的名声、荣誉等诸多利益，但每当清晨走进校园、面对学生时，那些乱七八糟的东西却又会被学生稚嫩的面庞击碎，让我无法用负面的态度面对这个考了一分的学生。毕竟这件事总会过去，而在人的生命中，我们总得拿出些什么去面对未来。

我做班主任快二十年了，曾经获得过很多荣誉与成就感，却极少面对这样的学生。随着沟通的深入，我渐渐发现，这"一分"最大的祸首，是家庭。家庭养育了孩子，也可以害了孩子。然而每每深入问及，孩子总有很多难言之隐。毕竟我只是个老师，不能也不可能去刨根问底。也就是那些难言之隐，让这个考了一分的孩子可悲并可怜，而我并没有点石成金的能力，唯一能做的，就是赋予这"一分"以温度，让另外的149分充满尊严。于是历经心路上的种种煎熬，我忽略了那些不解，保留了同情，隐藏负面的态度，涅槃出人性的温度。

我带了五个崭新的笔记本，站在讲台上，有尊严地奖励给了这个孩子，我告诉她："孩子，学习应该是痛并快乐的。你可以没有结果，但必须要有过程。请你用这五个笔记本去记录你所能听懂的五位老师的话，也算给自己的青春留一份交代吧！恰如生命一样，结果都是一样的，过程却应当是五彩缤纷的。"一场庄严的交接仪式，她郑重地接过奖品，说："谢谢郭老师！"伴随着这句话，我仅存的一丝负面情绪瞬间烟消云散。或许这五个笔记本在毕业之时也依旧空空，但我始终相信，我所积蓄的那些温度一定会传导给她，让她的初中生活多一丝温暖的回忆。如果我无法改变这"一分"的现状，就让这温度多停留一会儿吧！

我释然了，因为我不在乎名头和不现实的成绩了，只要每天还能看见笑脸，我便是火热的。控制不了的态度，就让温度去解决吧，即使再渺小的生命，也一定会有它存在的意义。即使是一分，也一定会有它的温度。至少，胸怀应当是热的。

一面

见或是不见，我一直在纠结。

总是看到很多"教育鸡汤"中都在说"没有教不好的学生"，可我就有教不好的学生。面对着这样一个以个位数的成绩来完结每科考试的孩子，我总有怜悯之心，于是总想见她的爸爸妈妈一面。可是从她入校到现在即将毕业，这一面之缘始终没有到来。或许在街上或是某处见过吧，但是那只是单方面的，我很想认识并和他们交流一下。于是我发信息、打电话，却始终得不到我想要的结果。好在还有我写给家长的信。他们收到信后，给了我为数不多的反馈，大都是在讲生活和教育的无奈，希望让孩子顺利毕业云云，我甚至不知道这背后是否有愧疚。但是我想一定会有的，因为生活中有种种难言之隐，是不方便对老师讲的。

既然见不到，我就只能默默接受并更加努力了。但随着时间的流逝，我能做到的，只有"不抛弃"三个字了。回忆起孩子入校时，身体瘦小而单薄，我每次都会"护送"她收操走回教室，怕她被别人碰倒了，怕她被欺负了。这不是感化，而是我作为一位父亲，从内心深处升腾出来的一种自发力量。就这样，三年的初中生涯快结束了，孩子快和我一样高了，开始有了秘密，也开始有了种种迷茫。我想，秘密或许来自于友情吧，迷茫应该来自于学习吧。每次同她交流，她或问而不答，或言语混乱。我记不清同她交流的次数，但那每次都相同的尴尬场景总是浮现在脑海中。于是我同孩子商量，想去她家里看看，并且只是看看，只是想见她家长一面，然而却被她一次次的借口消磨了我积极的想法。

或许应该是缘分吧。孩子是父母的缘，老师是孩子和家长的缘。孩子和父母的缘分，有血脉相牵，无法抹去。而老师和孩子以及家长的缘，就像传说中的野山参一样，一定要系上红色的布带，否则就会消失不见。

我总在想，"孝"和"文"组成了教育的"教"字，这份"孝"就来自于家，而且是幸福和谐的家。我们须用积极的心态和正能量的行为驱散那些"难言之隐"，用善良和爱去善待自己的孩子，这份家教才显得有分量。这个"文"，才来自于学校。《弟子规》中讲"有余力，则学文"，既然是"余力"，那必然会有家中的"主力"，失去了这些，"教"这个字就不会完整。

孩子每天终要回家的，即使在学校享受了再多的阳光雨露，回到家却是阴冷一片，哪里来的健康、茁壮啊？傻傻的家长还在麻木地"静待花开"，殊不知，最后等到的只是别人家的花开了而已。因此，"没有教不好的学生"似乎有道理，但这个"教"字，一定要拆开来理解。校园春光，家中春色，孩子怎能不向阳而长？

我理解那份尴尬。如果见到了她的家长，我该说什么？我无力化解她家中的那些烦扰和她父母对生活的牢骚。我们都是芸芸众生中的一员，而且我也会迷茫，迷茫于孩子家中那不为人知的世界。或许见了这一面，花儿也无法绽放，阳光依然不会洒进房间吧。

办公室窗外渐黑。望着学生们放学谈笑、玩闹的身影，我希望他们奔向的都是有灯光的温暖的家。而我也深知，在那些身影里，有我护着长大的一个小小的黑色身影，茫然地走向那另一种家的方向。

或许是我没有做好吧。但这"一面"，始终无缘。

云中书信寄深情

在这电子媒体充斥的年代，一旦走出校园，就很少有机会接触到手写书信了。网络将我们很多未经酝酿的想法和情绪轻而易举地传遍了整个世界，而我们却总是在面对屏幕时感觉缺少了些什么。

我也时常湮没在各种各样的电子文本中，漫无目的地"扫描"着，到底"扫描"了些什么，却成了一个问号。木心在《从前慢》中讲："从前日色变得慢，车、马、邮件都很慢，一生只够爱一个人。"很怀念那个有着信封、信纸和亲笔字迹的年代，往往是思酌良久方才提笔，写了却又犹豫，叠了却不满意，寄出了便存了美好在心中，那种期盼，现在想起仍觉甜蜜。

时至今日，我依然喜欢手写信，和学生的很多交流都用到了纸笔。我珍藏了学生的字迹，学生珍存了我的字迹，互为念想，多年后再翻看，心中充满温暖。在那些字迹中，有自己在桃李树下浇灌的影子，有自己奋斗拼搏的青春，有自己愁苦烦闷的过往。

时间久了，就会遗忘。遗忘了曾经写给谁，遗忘了曾经留下了谁的信。但时间总会在某一天为我带来一些惊喜和快乐。近几日，我收到了一封书信，信封古色古香，似书法条幅，信纸更是竖式泛黄，都是我喜欢的风格。毕业了一年的学生用这样的方式向我报平安。令我高兴的是，她提到了自己的进步：能够在烦躁时静心学习，能够在薄弱处拼搏奋斗。看着那些小有成就的文字，我感到很欣慰。更令我吃惊的是，学生仍然怀念我同她笔谈的那段时光。她交来我送去，在方块字间，她收获了成长，我获得了积累，现今我们又共同收获了回忆和怀念。她甚至记得我写给她的话："在薄情的世界里深情地活着。"薄情如何？深情又如何？我们需要的，是对待自己的一片深情。于是我们树立信心，于是我们挑灯夜读，于是我们不耻下问，于是我们欢喜成长。我想，如果每个孩子都能够在这纷繁复杂的世界里深情款款地对待自己和周遭，那这份关于深情的教育便远胜于那些纸面分数。

我仍能记得那时、那景。恰好从许巍的歌里听到、从雪小禅的书里读到了那句同样的话，恰好笔谈本如约而至，恰好孩子讲述了自己的热心受到了冷落，于是我便用笔将这句话郑重地写在了笔谈本上。谁知过去的刹那无意变成了如今的万千风景，长大了的孩子终于体味了深情。她懂得了尊重和理解，也懂得了拼搏和努力的意义，这是我在当时无论如何都无法同她讲清楚的。后知后觉之后，她向我表达了谢意，我也领了一份深情，坐在桌前想念从前的光景。

是啊！邮件很慢，却满载深情，逐页翻来，将我从前给予的温度一页页地折射进内心。忽然记起去年的一场讲座后，一位年轻老师的问题："为什么现在的学生越发无情了？"我答非所问："你收到过学生亲笔写给你的信吗？"她大惑不解时，我已经转身了。现在想来，或许那位老师会觉得我高傲无理，但我想留给她的，是自己的醒悟。没有那些共同的经历，哪里有怀念和想念？又哪里有深情呢？

于无声处　发慈悲心

有声之处是精彩的,于是很多人都把"不鸣则已,一鸣惊人"作为自己厚积薄发的座右铭。有声之处就会有喧嚣,声音越大,喧嚣越多,让人分不清是非对错,让自己的主观判断随了声音而去。

带着雷声的雨势很大,但过去得也快;当凶犬准备咬人,必然不会出声在先。有时无声的力量是巨大的,于是眼睛被安置在耳朵前,于是各种各样的书籍和美术作品让人们感动,于是多年后出现在异乡游子梦中的母亲唠叨的样子才最亲切。

无声和有声都是我们要感悟的,不能因为不可视而不去视。在一个班级当中,当班主任站在讲台上,首先感受到的就是声音,哪里吵闹看哪里。于是老师常常盯着爱发声的孩子们,忽视了那些无声的孩子们。殊不知,在一个班集体中占据了大多数的正是那些无声的孩子,真正的班级管理艺术来自于无声。

有这样一个例子:一位班主任安排学生自主管理班级,班长每天都会向老师汇报情况。久而久之,班主任发现这种"听声音"的管理很有效果,班级成绩和表现一直名列前茅,而自己每天所要做的,就是表扬班长所表扬的和批评班长所批评的。学生毕业多年后,班主任收到了一封来信,信中婉转地讲述了当年的班长如何简单粗暴,如何以权谋私,如何阳奉阴违。由于老师并不关注这些无声的学生,一个班的孩子敢怒不敢言。学生在信后附了一句话："能不做您的学生了，真是一种荣幸……"读后沉思，这位班主任想到自己多年引以为荣的教育方法原来并没有给学生们带来幸福，后悔不迭。

诸如此类的现象，在现如今的教室里是很常见的。很多老师培养了有能力的班干部，却成就了自己的懒惰；培养了侦查意识很强的"小密探"每天传声，用以巩固自己的班级管理。学生所云之优劣便是自己认识的优劣，于是在批评或表扬时全然不顾那些不发声的孩子们，让班级在这样的"稳定"中发展，老师优秀了，孩子们却没有了幸福可言。

这是违背规律的教育。

人们都在讲教育的润物无声。一节课真正的优秀之处或许在于无声的思考；一个班级真正的优秀之处在于对那些不出声的孩子们的关怀；一个班主任真正的智慧应该是无声的大智慧。班级管理之大忌便是有失偏颇，而学生年幼且势单力薄，实在没有资本去为公平振臂高呼。于是小小的学生们学会了隐忍甚至看透……当这样的"听声教育"普及开来的时候，"完美教师"的背后就成了灾难教室。

我在书上读过这样的故事：有两位管理者分别管理两个公司，一个管理者擅长听声，培养了几个中层干部时常打"小报告"，并以此为依据进行奖惩；另一个管理者在听到"小报告"后常常同员工交谈，了解真相，理清是非，在眼观、耳听、心交的基础上进行奖惩。几年后，前一个管理者被打"小报告"的中层替代了，而第二个管理者却带着团队蒸蒸日上。这个故事的目的就在于警示人们要做心和眼的主人，而不是声音的傀儡。

常常听到班主任要有"情怀"，真正的情怀是要用心、用情的。用心，来自于博大，心系眼耳之外，才能真正润物无声；用情，来自于平和，带着慧眼观是非，才有机会保有一份难得的公平。眼望张张笑脸，耳听众生之音，人之所以生两眼，便要我们左眼看是，右眼看非；人之所以生两耳，便要我们一耳听有声，一耳听无声。

有一则禅理故事，讲寺庙中的小和尚每天敲晚钟，却并没有感悟到钟声对于人的不同，于是问师父："这钟声的背后到底有何意义？"师父在钟声渐息后,望着山下的炊烟,意味深长地说:"钟声息处是慈悲。"当庄严的钟声带来万家的安宁祥和时,钟声便完成了它的意义,而那一片无声的安详,正是慈悲所在。这也应是教育之道,于无声处,发慈悲心。

我只是一只鸭子

小时候,我的学习并不好,老师也曾用"丑小鸭变天鹅"的故事鼓励过我,无奈我并不争气,最终也没有达到老师的期望。现如今想起来,觉得自己本就是一只"鸭子",只不过长得胖大一些,但是无论如何也不会成为天鹅。老师的鼓励只能是充满深情的唯心论了。

在我上学和初当老师的年代,时常听到"填鸭教学"的说法,把知识"灌"给学生,一股脑地要求学生全记、全背。这样的方法简单粗暴了一些,全然背离了现代教育观,却也为那个年代的学生所适应。如果不是这样的"一股脑儿",幼年淘气的我哪里还有精气神去背诵名篇,哪里还能在若干年后想起某一条数学公式呢?相信很多"70后"的朋友都和我有着一样的感受,至少在那个年代,有老师们在"填"我们这些"鸭子",而我们也在这样的教学方式中死记硬背了很多东西。若干年后,我甚至在感恩这样的教学方式。

看现在的课堂,早已发生了翻天覆地的变化,教学法多如牛毛,自主、导学、启发、探究……这些"高大上"的词汇都融入了教学法中,可是到底能教出什么样的学生,却不得而知。多媒体多了开阔眼界的途径,却少了脑中的思考。启发式教学只启发了一少部分的学生,而多数学生只能静等答案,甚至连老师布置作业都开启了对"天鹅"的高标准和严要求模式。

一则有关小学生作业的新闻震撼了我的内心。刚开学,小学一年级的老师频频布置预习作业，家长终于"怼"了回去。据家长反映，开学不久，老师每天都会布置预习作业，拼音还没有教就要求学生拼读，四天时间居然教完了所有的单韵母和声母。有些家长在拿到孩子的练习作业后问孩子："老师教过了吗？"回答："还没有，可是有的小朋友已经会读了。要是老师检查的时候我们读不出来，是要被留下来的。"

"你都没有好好教孩子读，让孩子怎么连读？布置这个作业是给谁做的？家长做吗？家长都有这个能力吗？教错了，孩子先入为主一直错，谁来纠正呢？不是我们不配合，如果你教过了，我们家长帮孩子复习，这是我们愿意做的。你让家长都教完了，那让孩子上课教你吗？"这是家长愤慨的声音。

读罢这则新闻，我更加怀念自己是一只"鸭子"的年代了。如今的老师，把小小的孩子全当成了"天鹅"，用要求神童的标准去布置作业，明知不可为，却还要检查、比较，简直要把小小的"鸭子"生吞活剥。这或许又是一种预习方式甚至教学方式的创新，让家长们叫苦不迭。当对孩子的要求超出了孩子能力范围的时候，老师便偏离了"师道"二字。"教所能教，学所能学"是最基本的教学之道，现在却搞成了"能教不教，未学必学"。这样布置作业的老师往往都是创新者，但创新未必就是正确。当一个老师满眼都是"小天鹅"的时候，老师的作用和意义便已失去了。我们早已忘记了"有教无类""因材施教"，当完成不了的作业和任务被可怜的家长代工完成后，老师居然还会露出满意的笑，继而热情地表扬学生，将虚荣散播于孩子们的心间，用"不作为"的态度站在虚伪的"作为"成绩上沾沾自喜，如同猛兽的獠牙一般，咬噬着孩子们的心灵和价值观念。可怜的孩子们早已忘记自己的"小鸭子"身份，一次次地完成着那些不可能完成的作业，即使自己无法完成也没有关系，反正父母们为了保住孩子的尊严或者为了给孩子争取受表扬的机会，会不遗余力、不择手段、无论如何也要帮助孩子完成的。在老师的殷切期望下，我们都相信了自己的孩子能够成为美丽的"天鹅"，这无异于迷信。

家长都教了，要老师何用？家长都做了，要老师有何用？难道只是在幻想着这一群"小鸭子"变作天鹅？如此作业，可以不留，却为什么要留？其实就是用家长的能力去展示老师的能力，那一群"小鸭子"却变成了工具。看似欣欣向荣的表面，背后全是悲哀。

其实只要把"向上看"的目光收回来，把渴望收获的心收回来，把牢骚、抱怨的心情收回来，认真审视自己眼前的学生，"天鹅"有天鹅的高贵，"鸭子"更有鸭子的可爱，让"天鹅"和"鸭子"都得到自己能够得到的，才是老师的可爱。

我在拜访我的老师时，心中始终充满了感激。感谢他们认清了我的"鸭子"本真，用不辞辛苦的一节节课来填满我空虚的头脑；感谢他们深知我的愚笨，所以从未在作业上为难过我；感谢他们的辛勤，使我的父母能够怡然自得。

如今我是一名老师，却也还是一只"鸭子"，而我的父母、老师甚至是我自己都知道，我只是一只"鸭子"，做着该做的事。

挑食

我很喜欢看《舌尖上的中国》,"追"那些美食和美食故事中的感动,在欣赏之余也反思了自己。

民以食为天,每个人的成长都与食物有着千丝万缕的联系。近来看到很多关于《舌尖上的中国3》的评论,从故事的漏洞到食物的真伪,无一不是话题。我深深地感觉到,这一部纪录片已经无法满足很多人要求了。

其实,无论是纪录片里的器物、美食、制作技巧抑或是故事,我都相信是真的,只是世道变了,人们能够看到的物件越来越琳琅满目了,能够听到的声音越来越多样了,能够怡人的芳香也越来越繁杂了,能够吃到的美食也可以轻易获得了,能够体味到的生活方式也越来越多了,于是人们的初心变了,挑剔也就无可避免了。

记得小时候,能够端上桌面的食物都差不多,偶尔有些美味,便会让人回味很久。那时候没有"挑食"的概念,只有"吃食"的想法。母亲做的一碗土豆面便是很让人回味的美食,至于父亲从工厂食堂里用铝制饭盒打来的"溜肉段",更成了极难得的解馋之物,时至今日想起仍然有馋意,但是再也无法寻到当年的半点味道了。生活好了,我也学会了挑食,看好看的,吃好吃的,在纷繁之中只顾着去挑,渐渐忘了自己的初心。眼望四周,谁人不是这样呢?好的东西多了,我们会怀念生活困难的年代;享受得多了,我们会怀念遭罪吃苦的时候。"不忘初心"四个字,成了网络个性签名与口号。

带着挑剔的目光，我们便无法认清人与事的整体，更无法体味世间更深层次的美好。同样，带着挑食的习惯，又怎么能讲"遍尝美食"呢？

若从今日起，我能带着欣赏的目光去望远方的风景，也能带着感恩的心坐在饭桌前，细品一粥一饭，再摸摸自己的身上，用情意向这半丝半缕致谢，快乐的感觉定会油然而生，也定会在幸福的海边留下自己的足迹。遗憾的是，脑中的纷繁复杂，身边的熙熙攘攘，总是无法让一个人真正安静下来，甚至没有时间去播种体味和感悟的种子。仰头便想望山巅，低头便想有沃土，在现实和臆想甚至是妄想间挑来挑去，最终也只落得唏嘘了事。

我想，《舌尖上的中国》真正想要表达的，是国之味和情之味。而对于这两种味道，是无论如何不能挑食的。借用星云大师的话便是："至道无难，唯嫌拣择。"烹小鲜如此，治大国如此，人生亦如此。

再坐在饭桌前，一定不挑食。

戴耳环的孩子

遇见过很多戴耳环的学生，多是女生。我不以其为美，但也没觉得有甚大错，只是在带班的过程中不断地对他们讲道理。生命如歌，段段不同，如果每一段生命都能演奏合适的乐章，那我们将不负今生。

但事情往往不是这样。年轻的学生，在学业之外总喜欢彰显个性，却也极容易走进误区。头发竖起来了，裤腿挽起来了，就是个性？耳环、戒指、文身、漂亮的手机壳就是个性？拿个性的"性"字而言，"心生为性"，心里生出来的东西，与众不同的思想和见解，可以吸引人去探究和讨论，所以精神上的东西才是真个性。那些物质的东西，充其量只是为个人增添了些许色彩而已。"我就是我，是不一样的烟火"，学生常以此来宣示个性。其实，焰火或许有不同的牌子和生产方式，其实质却是一样的。如同亮闪闪的耳环，摘下来显得平凡，戴上了也高贵不到哪里去。

现在的班级里，也有一个男孩子戴耳环。我欣赏他热爱运动的阳光外形，敬佩他热爱集体的团结之心。作为学校国旗班的班长，他每次升起国旗，我也会向他行注目礼。他关心别人胜于关心自己，侠义之气很浓。他也曾有过困惑，在我面前掩面哭泣。多好的苗子啊，却在管理自己、彰显个性的路上逐渐迷失。我怕这段青春会给他留下太多的遗憾，于是常常叮嘱他。每每发现他耳朵上戴了东西，便悄悄地帮他取下。对他而言，我取下的或许只是一个小玩意儿，但是对我而言，取下的正是那些虚无缥缈的所谓的"个性"。当一个人真正成熟后，才能体会到那些所谓的"个性"的荒谬。因此即使有错，也并不在那小小的耳环，而在于人。

真正的个性，来源于良好的自我管理、自我计划和自我提升，如果连基本的自我管理都做不好，那便只有"任性"了。世界上任性而为的事情大多没有好的结果，而这些，就连成年人都不容易做到，我又怎能奢求一个孩子做到呢？我唯一能做的，就是耐心观察，及时摘取，不厌其烦地讲道理，使出浑身解数，说的、写的、批评的都用在他身上，让这个孩子把没有耳环的日子过得更加充实而有意义。或许我的方法不高明，甚至有些笨拙，但我仍然愿意坚持，因为我不愿意给自己留下遗憾。

作为一名班主任，面对这种情况有时也很苦恼，甚至气愤，但是黯然和气愤之余，眼前总能浮现出更多的学生阳光可人的一面，我也总是相信那份阳光终将驱散阴霾。"精诚所至，金石为开"，所以我一如既往地婆婆妈妈着，直到送他离开校园。我心中期盼，在将来的某天，孩子能够明白那些道理。

耳环不是错误所在，真正不妥的，是那颗浮躁的心以及期望与众不同的虚荣。对于孩子而言，这些缺点如同玉上的瑕，无法刀劈火烤，而只能去琢磨，这也正是我工作的意义所在吧！

让耳环去装点它该装点的世界吧！

覆水尽量收

记得我小的时候,遇到过一些个性很鲜明的老师,常在我们童年的讲台上"放飞自我",就连动起怒来也是不管不顾。作为当时的"受害者",我不敢在受罚后向父母哭诉,因为那样会招来更多的惩罚。至今想起那些手段,我仍然心有余悸。

如今的老师们都开始收敛,放下了戒尺,放下了身段,因为一旦冲动惩罚了,便也覆水难收了。

前两天聊天,一位青年老师向我展示了手中撕成两半的作业本,余气未消地告诉我,学生不好好写作业,他一气之下将作业本撕成了两半,从窗户扔了出去。我理解那种恨铁不成钢的冲动,但是在现在的教育环境中,有些惩罚看似严厉,实则很难见效,唯有智慧能够见招拆招。

我想起自己曾经做过的一件事来:早上进班巡查,发现靠墙坐着的孩子忙不迭地抄数学作业,我愤怒地没收了作业本并撕掉了几页。当我带着这份严格在大庭广众之下做这件事的时候,并不懂得换位思考。所谓"冲动是魔鬼",我想,在那位学生的眼中,当时的我就是一个魔鬼。在即将走出教室时,我们目光相遇,我意识到了他的愤怒。现在需要保护的是学生们的自尊心啊!当我反省到自己错误的时候,撕碎的作业本就在我手中。真的覆水难收了吗?我用最笨的办法,用胶带一页一页地将那个作业本粘好,虽皱却完整。当我和那位学生在办公室单独见面时,他低头不语,但当我将粘好的作业本递给他时，他抬起了头，眼里有了光。第二天，一份检讨和一本整齐的作业放在了我的桌上，从此他再没有抄过作业。这件事对我的触动很大。在惩罚学生的时候，我们难抑冲动，可冲动已然发生，我们更需要深挖教育契机，将负面的情绪化作上进的动力。所谓教育无处不在，冲动的背后也自然会有教育，覆水尽量收起来，或许就成了一份感动。想到这里，望着眼前年轻老师手中撕开的作业本，我决定将这个故事讲给他听。

之后我再问起这件事的处理结果时，这位年轻老师得到了如我当年一样的效果。

既然用情去惩罚了，便要学会用情去弥补，唯有真情意能够覆水"回"收。对比自己的学生时代，现在的老师也已经从当年的"劳力"向如今的"劳心"转变，这既是时代发展的需要，更是更好地顺应人的成长的需要。

冲动过后，动动脑子，覆水尽量收。

孤独的影子

我要讲的，是一个内心丰富且孤独的孩子。

入学之初，我曾对他母亲的妆容印象极深。除此之外，直至他毕业，我再也没有关于他家长的更多印象，而且大多数时候，我与他家长的主动交流都是无功而返或是不了了之。在同孩子的交流中，我发现他的父母均忙于生意，甚至回不了家，所能给予他的，只有零花钱。于是孩子渐渐自立起来，学会了做饭，学会了洗衣，学会了买东西时讨价还价。这让孩子的生活变得"丰富"，甚至学会了很多不该会的东西。

生活条件的改善没有带来学习上的进步，一次次不理想的成绩压得他抬不起头。我常常暗示他，我并不那么注重成绩，在我的心中，在这个班级里，他依然有一个位置。

第一年就这样过去了。第二年的学业压力又加重了，而他的家庭状况并没有改变，父母对他的放任自流甚至有愈演愈烈的趋势。虽然父母疏于照顾他，但是有些问题，我仍然需要和他的父母交流。于是父母开始对我"晓之以理"，借口他们在外奔波也都是为了孩子的未来。然后他们开始对孩子动手，让孩子在恐惧和失望中度过了很多个夜晚。

我试图同家长沟通，但他们在电话里总是寥寥数语，未及入题便已挂断。我亲自写的通知书，他们要么没有反馈，要么便用几个字来感谢老师。我在网上写的留言也往往去而不返。我所能做的，只有再同孩子交流了。而此时的他，已经开始失去对学习的兴趣，甚至模仿家长的口吻向我请病假，自己却在饮品店里一坐就是一个下午。但他在同学间的人缘却很好，或许是因为同学间的情谊能够冲散他内心深处的孤单无助吧。

快要毕业了，同学们都开始朝着梦想冲刺，很多友情渐渐淡了，而他每天走进教室，却依然是一副快乐的样子。我知道他留恋学校和班级，于是常常和他谈未来，想帮他在现有的条件下选择一条适合自己的道路，如果能够掌握一门技术也不失为一个好的选择。或许家长做了干预，我的建议没有被采纳。

慢慢地，他学会了抽烟喝酒。在年轻人的世界里，抽烟喝酒很多都是源于孤独。当直面自己的时候，很多东西无法想通，更不足为外人道，加上心有余而力不足，只好用一种方式去麻醉自己。记得有一节下午自习课，他在课桌上趴着，满身酒气。同学们出于对他状况的了解，都在安慰他。我心中很难过。通过和他谈话，我得知他的父亲不愿给他报志愿，说这样的成绩很丢人，没办法报，让他自己看着办。他不想回家，又不知如何是好，于是喝了啤酒。虽然他违反了校规饮了酒，但我没有责怪他，因为这绝不是孩子的错误。我也有了无助之感，毕竟我的帮助是有限的。我的话语只能给他带来短暂的温暖，而他真正想要得到的温暖却冰封在冬天。我只好一次次劝诫他改正不良习惯，力争让他正视生活，好好努力。

中考结束了，孩子的成绩没有达到任何学校的录取分数线，这是当然的事情。但是我更加担心的他是的未来。如果家庭环境依然如此，用不了两三年，孩子便会同家庭渐行渐远。

这只是我诸多失败的教育案例中的一例。在苍白的家庭教育面前，学校的教育是很无助的。每个孩子都是特别的，但每个孩子都容易孤独。当一个家庭只剩下孩子和他的影子，失败便悄然降临了。或许孩子在未来依然能够有所成就，但在他诸多的美好记忆中，始终会留存那个挥之不去的孤独身影。当整个家庭分作不相交的几条岔路，"家"的概念便也只能存在于字典中了。

身为父母，要学会舍得。去温暖那些孤独的影子吧，切莫亲手埋葬了孩子的青春！

关于"状态"的问答

有学生在作业本中夹了一张纸条,问我:"老师,开学了,可我还处在过春节的状态中,每天闭上眼睛还是游戏和电视,一点儿学习状态都没有,怎么办啊?"再看一眼他的作业,的确没有什么状态可言。

我也在很多场合遇到过"状态"的问题。记得一次公开课前,我患了重感冒,嗓子发音不畅,精神状态不佳,还没有讲课,已然退却了三分。最终,这节课没有收到好的效果。课后,我总觉得是自己的状态影响了发挥,事实上我可以讲得很好。这样的事情,在我的工作和生活中不知道发生了多少次,很多的失败和不足,都被我用"状态"两个字一带而过了。

而今再看到这位学生的问题,我却真的反思了很多。

其实,"状态"两个字本身就可以教育自己。状,即需要面对的现实;态,即面对现实的态度。特别是在面对不愉快的现实时,我们所拿出的态度,既能够决定人的高度,又能够决定事情的解决程度。

其实如果把心放大,现实不过有两类:必须面对的和可以放弃的。如果眼前的现实是必须要面对的,诸如生活,诸如追求,我们就需要拿出坚定的态度,拿出责任和担当。身累了,心却不能停,态度端正了,状况也自然会不同。如果面对的东西是可以放弃的,诸如名利,诸如金钱,我们更要拿出从容的态度,"青山遮不住,毕竟东流去"。心不向往,身体自然也不会为之疲累。遗憾的是,很多时候,我们将现实颠倒了,可以放弃的却锲而不舍、不择手段地追求，必须面对的却寻找借口百般回避。更多时候，"状态不好"四个字便成了逃避担当和责任的最好借口。

"状态不好"，更多的时候是心绪太乱，想法太多，总而言之是欲望太多。如同我的那一节课，想要表现得更加充分，想让声音更加好听，想在课后听到更多赞扬，才会找到"状态"做借口。其实一节课只有"讲"和"学"，讲到了，学到了，就有收获了。是我想得太多，想要从这节课中得到的太多。带着这样的心，就算是换一件事情做，难道就能做好吗？连我都不相信自己。

心系一处地做事，总能有收获；带着浮躁的心做事，便有了成败。

我常坐在校车上听书，耳机里讲的全是道理。但当我沉迷于车窗外的人和物时，那些值得思考和学习的道理便远离了脑海，随风飘散了。于是我选择闭上眼睛。曾经因为栽种葫芦不得果而郁闷，后来朋友告诉我，需要剪掉那些多余生长的藤蔓，葫芦才能一心一意地结果。学生的问题也一样。那并不是"状态"问题，而是一颗不断在游戏、电视和学习间权衡的浮躁的心没有安定下来。

眼望的，耳听的，常常和心中所想的分道而行，只有做好选择，心系一处，好的状态才会找上门来。于是我回复了他："游戏便是游戏，电视便是电视，学习便是学习，时间指引你来到了新的学期，你的心就要顺应这时间，集中自己的精力，才能找到状态。你的问题，不是状态，而是心。"

放下笔，我也需要面对必须要面对的，去找寻自己的好状态。

孩子，还记得埋在桃树下的瓶子吗

孩子，还记得那个埋在校园桃树下的瓶子吗？那一年，你双眼红肿，低头哀伤，仿佛一只向上高飞的风筝断了线。失去了好友，你的天突然间昏暗了一半。我也曾经历过好友的离去，如同飞翔的鸟儿失去了伙伴，无论是写文字还是看过往的书信，闭上眼，那些同伴、同窗的影像始终挥之不去。好在那时候我已成年，好在那时候有酒。于是我明白，放下苦痛是多么不易的事啊！

人的一生，无论是走过青春还是迈向成熟，苦痛必然是一路相随的。我们无论是学习还是生活，若想快乐一些，从容一些，都必须要学会那不容易的"放下"。

于是就在只有你和我的办公室里，我讲述了自己曾经的苦痛，也宽慰了你的难过。我知道，言语的作用是有限的，老师的安慰也是微不足道的。但是我们的青春怎能因那些苦痛而停下脚步呢？一个生命的成长又怎能因另一个生命的逝去而被按下"暂停"的按钮呢？你痛失好友，我苦于生命，我们需要共同做些什么，让过去的过去，让明天依旧充满希望。

我苦思冥想，终于想到了最传统的方法——埋葬。当诗人不再忧愁，转而开始期待明天的快乐时，他会把过去悲伤的诗稿埋葬在向阳的山坡上；当浪子不再沉迷于四方的诱惑，转而望向家乡的炊烟时，他会把曾经的愁怨埋在家乡的梨树下。埋葬，向过往的痛苦说再见，让过往随了尘埃，让思绪随了尘埃。

于是你写了信，我写了字，向逝去的生命道珍重，同阴阳相隔的界线说再见，把我们的悼念装进瓶子，埋在校园的桃树下。我还同你开玩笑说："桃树可以辟邪。"那句玩笑后，你隐现了一些轻松的表情。这也正是我想要的，不念过往，珍惜当下，拼搏未来。悲伤是因为别人生命的逝去，而审视自己的生命，不去迎向阳光，又怎能对得起我们鲜艳的青春？于是我们翻过护栏，挖了泥土，将装了你的信、我的字的瓶子埋在桃树下。你在填土，我在填心……

当我也像一个做错事的孩子一样和你一起翻出护栏的时候，我看见你笑了，不是因为我的幽默，而是因为心的轻松。背对阴影时，正是面向阳光时。于是放下那桃树下的瓶子，我们迎来了夏天，迎来了毕业，你带着这个秘密离开了校园和我，也离开了那棵桃树，走向了更高的学府，迎向了更好的未来。如今时常听到你进步的好消息，我甚感欣慰。我也离开了熟悉的环境。在春日的阳光里，每当路过田野里的桃树，我都会想起校园里的那棵桃树。偶尔回去看看，花苞已上枝头，去年开了，今年开了，年年都会开。那不是一棵简单的桃树，而是一位伫立在天地间、教会我们放下苦痛的老师，它将我们的苦痛踩在脚下，自己依然在春风中朵朵绽放。

孩子，你还记得那个埋在桃树下的瓶子吗？如果今天的你失败了、难过了，就要想起那些被我们埋葬的苦痛，因为没有比"放下"更简单的事了；如果今天的你成功了、快乐了，也要想起那些被我们埋葬的苦痛，因为没有比"放下"更困难的事了。

那棵桃树没有因为我们而发生任何改变，但我们却要在心底深深地感激它。

镜子的背后

看了央视的纪录片《镜子》，心头沉重不已。

一个家庭，本应柴米油盐，幸福平和。孩子的降生，更应视为获得了人生的珍宝并感到无比喜悦。然而纪录片中的现实却告诉我们，原来有些家庭真的会因孩子的降生而陷入无穷的迷茫。片中的孩子们令人无比揪心。学业的压力，生活的束缚，自我的沉沦，让他们生活在了痛苦之中。有的孩子就此堕落下去，有的孩子开始了反抗，于是叛离了家庭，仇视起父母，远离了校园，想要寻找真正的自我，却又一次次地被残酷的现实拉回来。

有人说父母和孩子是互相映照的镜子，从镜子里可以看到彼此的影子。我是同意这种说法的。然而人生来不同，如同世界上没有两片相同的树叶。如果每个人都为了同别人一样而活着，那世界的美好就将不复存在。于是有的孩子敏感，有的孩子脆弱，有的孩子鲁莽，有的孩子机灵……

有时，家庭的"镜子"也会不那么真实。就如同纪录片中所展示的那样，每位父母都很善良，可到底是哪里出现了问题，导致了孩子的离经叛道？我想，原因未必能单一地归于"镜子"。有的父母好强，取得了财富和社会地位，于是希望孩子也同走此路。然而父母培养着孩子，孩子也在观察着父母。好强和财富的背后，是无尽的寂寞和空虚；得到的背后，是强烈地害怕失去。于是孩子的内心深处泛起了波澜，既看到了好，也看到了不好，纠结于其间，哪里还能生得出好结果？有的家长懒惰，于是映照了孩子的懒惰。但这份懒惰的背后，或许是因为害怕失败而不敢担当，久而久之便没了前进的乐趣。孩子的内心深处就会思考，懒惰对吗？担当对吗？到底该如何？于是在彷徨间远离了父母、家庭。

每个人来到世上，都如同镜子一般，照出了一半，留下了另一半。敏感的孩子或许细心，脆弱的孩子或许善良，鲁莽的孩子或许义薄云天，机灵的孩子或许投机……镜子所能映照的，只是一部分。如果说一个孩子的成长同家庭有着极大的关系，那便是综合的关系。我们有面对孩子时的权威和光鲜，自然也会有背对孩子时的委屈与自卑。

看完整部纪录片，我感受到了家庭教育的巨大压力，同时也体味到了"镜子"的不真实性。家庭教育同学校教育一样，都是人和人之间的事，能有正面的影响，必然就会有负面的积累；能有负面的渲染，也必然会有善意的存留。单单去说有什么样的家庭就会培养什么样的孩子，是有失公允的。

任何优秀的家庭和家长，也无法完全正面地去影响孩子，我们能做到的是，对孩子诉说人性的真实，尽量地表里如一。

镜子所反射的光很刺眼，而镜子的背后仍有阴影。

花与灯光

——记我的第二十一个教师节

一间教室如果因为我的存在而闪出一丝光亮,我希望是自己曾经播撒在学生心中星星点点的人性之光,不必燎原,也无法燎原。一个老师的价值再大,也无法成为璀璨夺目的明珠和登顶高峰的巨擘。教师总需在底层,教学相长,繁忙辛苦,如同砂轮一般日复一日地打磨着那些期待锋利的宝剑,如果失去了宝剑,砂轮便毫无意义了。

理想的宽度再大,也不过是漫长生命中明灭的微光,这份不断向下的工作,需要一颗不断向上的心。老师的价值,并不在掌声和鲜花中,而是在汗水与泪水间;不在明灯与艳彩中,而是在微尘与细雨间。我未曾抗拒过所度过的每一个节日,也曾披红戴彩、手捧证书、喜笑颜开,却总会在短暂的欢笑后感到失落。明天呢?明年呢?以后呢?若我只在这一天里有了存在感和自豪感,却也仍将如气球一样在明天逐渐地瘪下去,继续疲惫地面对平凡,逐渐淡忘了那个日子,也始终无法将"节日"二字同自己关联起来。没有了节日和荣誉,我依然会弹琴、写字;但没有了校园和学生,我将会失去方向。

能够成为老师,我是很幸运的,因为儿时的我就喜欢搬出小黑板,写字并讲给邻居小朋友听。上学时,我不愿刻苦用功,一次次彷徨失落。在学业受到挫折之后,我依然选择了"教师"这份职业,在从"非专业"到"专业"的路上,一路奔波到了现在,也慢慢地从学生们的"兄长"变成了"长辈"。在理想之路上，我也曾邂逅过很多的机遇，但在物质世界中带着孤零零的心去挣扎，以我的秉性和脾气，又怎能和风细雨地过活呢？因此，那些放弃也从最初的犹豫、矛盾变成了笃定。夜眠不过三尺，日食不过三餐，何以追？何以求？中年时的我，渐渐清晰地认识了自己。

听说城市要在教师节为教师亮灯，这样的仪式感是前所未有的，但对于每一位辛勤的老师而言，莫不如点燃一盏心灯，让讲台多一分尊严，让心情多一分平和，让教育多一分平静，让身体多一分健康，让生活少一分压力。我迫不及待地想去看看那些为我亮起的灯光，却十分清楚地知道，走出校园后，我所要的并不是荣誉感和自豪感，我只想望见家中的灯光。很多如我一般依然奔忙的老师，都不喜欢将自己比作蜡烛或是明灯。我们无法照亮世界，更无法改变世道人心。或者我们可以做一朵花，不娇不艳，不狂不躁，却可以在风云变幻中骄傲地绽放，尽力去装点这个世界。事实上，所有给予我们帮助与影响的人，都应该被称作"教师"，而所有教师的善意与关切，都应该化为灯光，星星点点，让人常常感动。

我也收到了很多来自远方的问候，让我时常念起每一张笑脸背后的故事。温暖替代了自豪，感动驱散了浮名，这便是我感谢这一天的初衷。

教师节快乐！

初雪

一夜飘雪。这场初雪居然连续下了两日。

虽身处北方，但许多年来，如此大的初雪却并不多见。

校车渐渐走出了黎明的黑色，我透过凝满雾气的车窗，看到了白色的天地。远山已近全白，偶尔露出星星点点的黑色，像一层缀着黑色纽扣的棉被，轻轻包裹住山的身体。山脚下的房屋都积了厚厚的雪，早起上班的人们像白色地毯上的蚂蚁，搓着手，小心地在雪地上留下匆忙的足迹。"初雪为欢谣，再雪犹喜视。"这是宋代诗人赵蕃的诗句。一场初雪足以让刚刚因月圆而聚散的人们听到冬日的欢谣了。镪用快乐的舞动将因聚而散的人们送向远方，又在山头房顶留下白色的信号，将初雪的秋天映在人们的记忆中。既然冬天要来了，就欢乐地散了吧，用不了几场雪，人们又将因散而聚，在雪的记忆里体味人生聚散的欢谣。

用了三倍于平时的时间，这早到的雪和迟来的人都赶到了校园。路虽然泥泞，我却按捺不住自己的兴奋，在校园平静的雪地上留下自己的足迹，用自己的笑声去唤醒雪被下沉睡的树。这边正笑着，那边树上的雪便落了下来，吧嗒一声落在地上。"被子"掉落，树醒了。原来这初雪也如同四季一般，不因人的等待或驻足而到来，而在我的心中，却是着实在等待着这份欣喜。

仿佛是一场同自然的约会，雪来了，盘桓了两日，清静了内心便做告辞，下一次的欣喜却是不可期的。"已约年年为此会，故人不用赋招魂。"雪总会来，或早或迟。若因这"老朋友"的迟到或早退而内心生怨，就亵渎了这份欣喜。恐怕世上所有的约会都该如此，该来的，就自然来了，不必担心迟早；该走的也便走了，放下牵挂，平和地走向下一个节点。这也是生命的意义。

初雪来到了每个人的面前，心有欢喜的人变作了孩子，欢愉地开门看雪；心存愁怨的人变作了老人，忙着添衣积愁。其实无论迟到的校车抑或泥泞的小路，初雪都在，我们更应该看到的是它带来的美景与欢乐。

课间时分，太阳出来了，树上的积雪开始掉落。我同学生开玩笑地说："树是有灵的，你对它大喊，它就会害怕、发抖，抖落一身的雪。"于是很多学生在校园里对着树大喊，树便也随着声音抖落大块大块的积雪。学生说："这很神奇！"我笑着赞同："所以我们要热爱天地自然，它们无时无刻不带着各自的灵气看着我们，我们要在热爱中健康成长。"

上课铃响了，学生们纷纷奔进了教室。我独自望着校园中的树，感恩于它们。即使不去喊叫，那落雪也会如时落下，但喊叫了，便留下了热爱的种子。多年后，这场雪和校园的这些树或许早已消失在记忆深处，但或许就有几位父亲或母亲，带着自己的孩子对着化雪的树喊叫，微笑着传承热爱之心。

"人似秋鸿来有信，事如春梦了无痕。"苏东坡在千年以前就告诉了我们，初雪终会融化，热爱天地的种子却总能留下痕迹。

雪落到地上化成了水，道路更加泥泞了。但我知道，在天近黑的时候，我就将告别这场初雪，带着湿润的空气，走过所有的泥泞，回到城市那边温暖的春天。

我的旧喇叭

——教师节忆点滴

我舍不得扔掉它。虽然它的声音总是时断时续，在课堂上让我尴尬，然而当我想要换掉这个旧喇叭的时候，却总是能回忆起它崭新时的样子。

这个旧喇叭，是学生送给我的毕业留念。一转眼，七年过去了，我从青年渐入中年，它也慢慢地老旧了。

我当班主任很多年，很喜欢"捡破烂"。我和学生使用过的笔记本、活动用品甚至是抹布，我都很舍不得扔掉，总认为那些旧东西记录着我的教师经历，而那份经历于我而言是难得的。因此每一次搬办公室，我总是很痛苦，因为要淘汰掉很多旧东西。

我常常翻看自己初做老师的第一份教案，除了看到龙飞凤舞的书写和疯狂荒唐的反思之外，脑海中也总是出现自己那时的样子——一个略带青涩，迷茫却又上进的年轻人。睹物，方能思人。而我睹物，却常常怀念自己走过的路，并总是在走向明天的路上带着对昨日的不舍。

这个旧喇叭是我教师生涯诸多旧物当中的一员。我仍然记得自己带着学生们参加运动会，在操场上练习步伐时的画面，我就是用这个喇叭，一次又一次地喊出了传承几届的班级精神。在"艺术月"的舞台上，也是这个喇叭，让我和学生们共同唱出了属于我们自己的心声；每一次主题班会，当我在腰间系上喇叭时，学生们便知道，我要为自己和他们喊出做人的端正态度；更为熟悉的是在讲台上，它将我发的每一个音放大、扩散，让我所讲的知识声声传入学生之耳。每每想到这些，我总是对这个旧喇叭充满了深情厚谊，默默地将它充满电，让它随我继续奋斗。七年间，我在后面喊着，我的学生们在前面长大，我发过的声，如同有了形状，飘散在三届学生的心中。我时常梦见那些声音化作雪花，融化在孩子们的心间。让我怎么舍得扔掉它？

又一届学生毕业，他们送给我一个新喇叭作为留念，我却将这份情意送给了年轻老师。教育的声音应该在孩子们的心间回荡不绝，更应该在教育之路上不断传承。时至今日，我依然将这个旧喇叭系在腰间，然后站在讲台上滔滔不绝。旧的喇叭已经成了标志，一个陪我走过七年教育之路或更长时间的标志，一个师生情谊生发并蓬勃的标志，也是我温暖回忆的标志。它仿佛是一个老朋友陪伴着我，无怨无悔地发出教育的声音。因为我，它有了更大的意义；因为它，我有了教育的温暖。

教师节，我默默地擦亮它，并为它充足"能量"。我深深感恩于它。我的节日，也是它的节日。

我怎么舍得扔掉它？

站墙根

很多时候，人站着是无法思考的。很多闪光的思想和点子，都是在除了站立以外的其他动作中想出来的。牛顿坐在苹果树下发现了万有引力；毛主席坐在炕桌前完成了《论持久战》；越王勾践靠在薪柴垛上反省自身，思虑破敌良策，却极少有站在那里想出了什么伟大理论的人。人很奇怪，站起来的时候，意味着要行动，而坐下去或躺下来的时候，方才可以安静思考。这静与动，构成了人的生命轨迹。更奇怪的是，古往今来的文人墨客，作品中也更多地歌颂了月光，甚至很多名篇都诞生在静夜之中。佛家讲："静能生慧，慧能生智。"思想闪光的时候，大多是在安静的时候。

记得我上初中时，经常有这样的经历：每当做错事情，便会在老师的办公室里罚站。印象最清晰的一次，是我因贪玩而没能完成作业，语文老师将我罚到办公室的角落里站着，让我彻底反省错误。我至今仍能记得自己站在那里的样子。我的脑海里没有任何反省的意识，除了寻找借口，就是编造谎言。最终，我编造了身体不适的谎言，老师满意地放走了我。老师的这份满意，居然成了以后若干年里我嘲笑老师的话柄。而关于不写作业的错误，在我以后许多年的求学经历中，仍然在顽固地重复着。时至今日，我反省的依然不是不写作业的原因，而是那罚站的效果。在我看来，站在那里想一想，是想不出什么结果的。

在校园里，偶尔也能看到罚站的学生，他们无一例外地都在反省，望着老师的后背毕恭毕敬。当老师有事出去时，他们却又嬉皮笑脸。这样的惩罚，除了身体上的劳累，思想上却没有达到任何效果。最终老师用"冥顽不化"定义了这些学生。真的是这样吗？一个坐着，一个站着，形式上的不平等真的能换来反省吗？事实不是这样的。我也曾有过罚学生站墙根的经历，那不是真正的惩罚，而是因为我手边有事，无暇顾及，总感觉站了墙根的学生能够安静下来，反省错误。事实上，学生却望着我的背影做着无声的反抗，这使我在很多年的班主任工作当中不敢用后背对着有错误的学生，因为看不到的反抗才是真正可怕的，这也是疏远师生关系的罪魁祸首。

当站墙根不能罚出真正的反省时，就需要有一些改变。有时间，可以坐下来；没有时间，可以约定时间；可以去操场上走走；可以在运动中聊聊……方法诸多，却殊途同归——只有在平等的基础上，才能有真正的沟通。

墙根虽小，却难为惩罚之所；罚站事小，却难登教育之堂。希望若干年后，我的学生们如我一般年纪的时候，脑海中不会再闪现出当年站墙根的样子。

后记

没有什么比"平等"在教育中的地位更加重要。我主张对小孩子讲话时要蹲下去，只有蹲下去，才能有平视的目光，孩子也才能被平等对待。随着孩子的成长，我们不需要蹲下去了，但仍然需要坐下来，让对面的孩子感受到平等，他们心灵才会安静。

我爱读教育学者张文质的书。在我终于见到他本人，并携书请他签名的时候，他放下手中的宣传册站了起来，跟我聊了聊，给我签了名并合了影。多么小的一件事，却给我的内心留下了温暖。他是大师，我是老师，平等起来便产生了更多的敬重和热爱。再深究一下，那是一种尊重。

我不知道现在还有多少老师和家长采用"站墙根"的方式来解决问题，但数量一定不少。希望你们能看到我的这些文字，自己默默地走到墙根。真正该想一想的，不该是犯了错误的孩子们，而是我们。

童年的"后花园"

孩子放学回来，高兴而又神秘地对我说："老爸，我终于知道你书里那篇《女人堆里的男人》是从哪里来的了！"我很惊诧，孩子居然在关注我的文章，而且居然在关注我文章的出处。我问："那你知道这篇文章是怎么来的吗？"孩子说："是来自梁晓声的《母亲》！你模仿了他的风格。"我欣慰地对孩子说："我很高兴你知道梁晓声，更高兴你能够看出我模仿了他文章的风格。人生的每一步，无论对错，也无论荒唐还是至真，都能够在他童年的后花园中找到种子。"

这样的对话将我的思绪带回了大学时光。因为大学有图书馆，所以那个时候的我便整日沉浸在书中，梁晓声的书便是其中之一。回看我写过的文章，从最初的博客，到后来的册页，再到后来的成书，有很多文章都带有我喜爱的作家以及读过的书籍的痕迹。恰如人的成长一样，言行和举止都是从最初的模仿而来。而那些最初，就是我们的"后花园"。我们很多的言语、习惯都能够在"后花园"中找到根源，因此人在少年和青年时期，一定要守护好自己的"后花园"，多播种一些文雅、高尚的种子，伴随着时光，那些种子一定会生根、发芽，甚至影响我们一生。

我有过一名学生，自入学以来就因为成绩不好而屡遭歧视，孩子整日在成绩比较中艰难地继续着自己的学业。在同他的相处中，我知道他是一个没有多少学习天分的孩子，然而却是一个勤劳踏实、尊老爱幼的孩子，且从不会影响别人的生活和学习。他一直安静地努力着，但是努力却并不容易带来成绩的提升。

我从最初帮他分析成绩，再到指导学习方法，将全身解数用尽，也没有为他带来多大改观，直到有一天他告诉我："老师，我想为大家劳动。我知道自己不是学习的料，也没法考取高中，但我愿意为班级出一份力！"这样的话深深打动了我，时至今日，我仍然能记得自己高兴地拍他肩膀的样子和他离开后我的痛哭。

有时候，我们面对生命的教育是很苍白的，只是简单到帮一个孩子去做无奈的选择。于是我写了四个字"劳动光荣"赠送给他，并用一节班会课的时间讲述了这"光荣"的来之不易。我任命他为班级的卫生委员，直到毕业。就这样，在干净整洁的环境中，同学们都毕业并如愿考取了高中，他最后收拾完教室，也依依不舍地离开了，但他走向的，是社会。

直到多年后参加他们的同学聚会，我又见到了他。他已经变成了容光焕发、小有成就的生意人。席间，我们依然亲切地聊天，我很想知道他的成长之路，便不停地问这问那。他的回答却很简单："劳动光荣！"在他的"后花园"里，我无奈种下的种子居然开出了美丽的花。那一天，我们都酩酊大醉……

今日，我在面对自己孩子的问题时思绪万千，也欣慰地看着她的成长与经见。她找到了我"后花园"的一粒种子，或许在不经意间，她也给自己种下了一粒种子。

晚上，孩子一边洗脚一边看书，我仔细一看，她看的正是梁晓声的《母亲》……

教子嗔心

不论写了多少教育文章，也不论带了多少学生，更不论上了多少堂课，讲了多少道理，在面对自己孩子的时候，很多经验和道理都常常被高低辈分和扭曲的情绪所击溃。

亲子关系犹如师徒关系，最要紧的是培养孩子对父母的信任。一如世上人与人的遇见都是因缘所致，孩子的到来是注定的，也是无法改变的。由于业缘很深，孩子大多对父母有着天然的信任，但许多父母在教育过程中常常破坏这种信任，导致孩子不再愿意听父母的话。于是我常常在孩子的顶撞之后开始了心底的澎湃，也常常在孩子的愤怒中变得茫然无措。更加悲哀的是，愤怒后的平静给了我无尽的痛苦和不安。痛苦于自己方法上的黔驴技穷，不安于自己在情绪和心态上的表里不一。教人万般法，教子空如也。难道这样的缘分就要以这样的"节奏"继续下去？难道这样的循环就要如此阶段性地发生下去？

在诺查丹玛斯预言的"世界末日"那一天，一向不信邪的我居然莫名其妙地珍惜了元旦前的最后一夜。如果没有那不靠谱的预言，我的内心并无异样。但就是预言作祟，我在孩子睡后望着那熟悉的小脸泪流满面。如若真的是最后一面，我将心如刀绞。多少针对孩子的负面情绪在瞬间化为乌有，多少曾经的暴言冷语让我痛苦万分。如今想起，那一瞬间或许是我作为父亲面对孩子最真实的心境。当元旦的朝阳升起时，一切如常，我又回到了自己编织的教子关系当中，仿佛什么都没有改变。

孩子的很多表现里都有父母的影子。培养孩子的过程，也是父母自我成长的过程。"言教"无力时，要更多地在"身教"上下功夫。沉静下来反思自己，将很多不应该有的关心化作了啰唆和牢骚，又将很多应该有的关心变成了平淡和冷漠。我如同魔法师，不断地在黑白魔法间改变着自己，也影响着孩子。

面对子女的时候，往往是人的缺点暴露得最充分的时候。因为子女与自己业缘近，又势弱，所以一切烦恼的表达都可以被冠上"为你好"的名义且不容易受到谴责。事实上，无论是在家庭教育还是在学校教育中，"为你好"三个字一出口，便早已偏离了教育"以人为本"的航道。所有的"为你好"背后都有一个"求回报"的阴谋，而一旦孩子偏离了期望，我们的贪心得不到满足，便开始了情绪和心态的变异。这到底是为了谁好？

无论是不是真心为了孩子好，发火肯定是嗔心。归根到底，自己还是要好好修行。

教子，在物质上当适可而止，在财富上更应慎之又慎，在精神上也要注意方法的差别以及戒嗔心。土壤可以包容种子，静待它成长，因为土壤会平和以待所有的过程。我常常在对待孩子的问题上失去态度和情绪的自控，每天踩着脚下的土壤，却从未向自然学习半分。我们要提供一个支持的环境，包容孩子成长中的问题，帮助孩子寻找问题，寻找方法，与他们一同享受解决问题的快乐。

孩子的成长最终要依靠自己，无论谁都无法替代。反思而不反感，启发而不压迫，耐心而不嗔心，才是我需要改变的真正出路。

与读者共勉教子之过吧，并继续上下求索。

后知后觉

幼儿园要交英语作业,是唱一首英文歌曲。我没有信心,因为前几天给儿子教英文歌曲,发现他的接受程度远远低于我的期待,词语混淆,曲不搭调。

于是我准备再教他若干遍,然后上交这份作业。谁知我正在酝酿这个想法的时候,儿子却高声唱了起来,一字不差,曲调合拍。这让我既惊喜又感动,问他:"为什么就会了?"小小的他也讲不出所以然。就这样,儿子顺利地完成了作业。

晚上躺在床上闭眼冥想,我首先想到了花朵,有些花会因为人的观赏而在合适的时间开放,而有些花却总会在不经意间开放,这是后知后觉。人因有所不同而丰富,外表所能够展现的大多是物质上的价格,而真正的价值,应当存在于每个人的精神世界。这也如同花草一样,玫瑰之所以美丽,是因为人类赋予了它意义,这种意义大多停留在价格上。而有的花,不鲜不艳,却独自释放着幽香。先知先觉在外表,而后知后觉多在精神。很多人敏感于周遭,因而有了自身的先知先觉;很多人需要时间来浸泡,将自己接受的信息点滴汇聚成能量,这是后知后觉。

春天的绿色可能到了夏天看到百花齐放的时候才会涌出心底;秋天的黄叶也可能到了冬日白雪皑皑之时才有了温情暖意;小时候聆听过的父母训教,只有在长大后历经了生活磨难才能领悟;校园的美景和学伴的温暖,也只有在毕业多年后才能浸入美梦。后知后觉是美好的，是先知先觉在现实中拼搏后的理想主义体现。我们在教育当中常常听到"静待"二字，皆因为成长都是过程，凡事都有因果，种下了因的种子，自然会在时光中静待果的到来。如同我教儿子唱英文歌，在我的心里种下了焦躁甚至抱怨，怨他没学会，没有达到我心中对于结果的要求。殊不知在他幼小的头脑里，这首英文歌的学习，是要像种子一样生根发芽之后才会开花结果的。我庆幸当时没有因为内心的焦躁而发脾气，更庆幸我与儿子有了一个教与学的过程，我种下了因，便在他的脑海中成长为令我惊叹的果，让我对于"后知后觉"的力量有了深刻的领悟。

遗憾的是，教育中的很多"静待"是等不到花开的，没有了先知先觉的播种，便不可能在孩子身上生出美丽的果实。所谓"静待"，其实也是在辛勤劳作后，等待那颗种子"后知后觉"的过程。空望着那片土地，是不会有任何收获的。

我慨叹于自然的美好，总是给我们脑海中映下很多画面，让我们有机会同自己的世界比对而后知后觉。我慨叹于人精神世界的博大，任何言语行为都有可能在精神的海洋中存留并生长，然后在某一个时刻后知后觉。

因此我们需要让言语、行为多一些美好和阳光，说不定哪时哪刻，它们就会在另一片精神之海中后知后觉。

空白

有些空白需要填满；有些空白需要留白；有些空白填也填不满。需要填满的空白是我们的生活，因为人总是在不断地努力去充实和丰富自己的生活，无论是在物质上还是在精神上。需要留白的是我们忙碌和奔波的工作，因为生活不该被奔波所占满，留白给生命途中的风景，会让我们拥有感动的源泉。而那些填也填不满的空白，则是人生旅途中贪婪的黑色或是懈怠的苍白。

文化学者周濂曾经说过，"你永远都无法叫醒一个装睡的人，除非那个装睡的人自己决定醒来"。如果一段生命选择了苍白，那么无论用多么鲜艳的画笔都无法唤起希望的激情。在我的教育经历中，大多数孩子的空白都是灵动可爱的。孩子们努力求知，然后渐渐学会体会生命的不易、成长的难得，感悟自然的博大。我虽然不能去做一位灵魂的唤醒者，至少可以成为学生们思想和学识前行的推动者。这么多年下来，我深感欣慰，即使是在我支教的学校，也依然能够看到学生们因为我的到来而变得快乐或是宽容，这足以让我每天望见希望。

但有的孩子却并不容易被叫醒。近几日给学生听写了单词，发现孩子们的基础并不好，语言功底薄弱。在批阅听写单的时候，我发现了一张只有姓名的空白单，心头顿时一紧。只写了名字，是对我听写要求的尊重，而剩下的空白，又是对谁的尊重呢？我开始回忆同他打交道的这一个半月时间。他常常在课堂上睡觉，无论朝夕；作业每次都能按时交，却十之八九是空白。我同他交流过，但无论我如何温文尔雅抑或幽默热烈，他都不作回应，不发一言。当我无奈地目送他进教学楼的时候，总会因为自己能力的不足而心生愧疚。就是这样一个学生，在这次的听写单上只写了自己的名字，留了空白给我。

我沉思良久。德国哲学家雅斯贝尔斯讲过："教育的本质意味着一棵树摇动另一棵树，一朵云推动另一朵云，一个灵魂唤醒另一个灵魂。"在灵魂看来，至少在目前，我同他没有任何交集，无法谈及唤醒；在精神看来，我的思想也无法在短期内改变他的思想，思想得不到改变，再接受知识的路就会走得很辛苦。看起来，我唯一能做的就是摇动。于是我常在课堂中"推"他一下，虽然他显得有些不情愿，但我也不愿意看着一个年轻的生命在美好的时光中昏睡，哪怕是醒来看看窗外的秋色、看看我也好。

面对着这份听写单，我没有能力唤醒这份空白，只能用我的温度去填满这份空白，我也希望可以用这份温度去摇动那颗并不热烈的心。于是我用红色的笔，在听写单的空白处写下了如下话语："学习，是点滴的积累过程，有了积累，才会有进步。人和人不同，但都该保有上进之心，别让人生与学业如此空白，我依然给你加油！"

当我把这份听写单亲自发到他手中的时候，我读到了不一样的表情。刹那间，我想到那教育的本质对于他而言或许太高深了，我最应该做的是"摇动"他。这份空白，如果发生在成人的世界里，恐怕再也无法填满了，但是在年轻的头脑中，我始终相信会有丝丝收获在"摇动"后掉落下来。我想，周濂先生的话，用在这个孩子身上，应该改为：你得想办法去叫醒一个装睡的年轻人，因为他无法决定自己何时能够醒来。

玩雪

　　小时候，对"下雪"的欢喜只能保持一两天，打了雪仗，堆了雪人，就开始盼着天晴。因为在雪的世界里，连通学校和家的道路变得湿滑、泥泞，我总是需要更用力、花更久的时间才能完成"两点一线"。操场的积雪影响了我热爱的体育课和足球游戏，这让我常常很郁闷地望着那些雪，想象着能否有一个像板擦一样的东西，三两下就可以将操场擦干净。终于盼到太阳出来了，那雪化时的心情，可以被定义为"快乐"二字。虽然在背阴的地方，雪仍会存留很久，但在那时我的心里，雪早就化得干干净净了。

　　离开家后，便在不知不觉间忘记了心中那份化雪的快乐。这个世界里，即使是同样的事物，在不同的生命历程中所带来的意义也不会是相同的。如同小时候，我常喜欢低着头走路。那时候没有"自卑"的概念，只是单纯地想着，这样走路或许能够发现地上的硬币，可以买几块糖，以缓解自己的口淡。那时候，虽然是低着头走路，心却是满满的。如今，我学会了很多，也时常在心里出现自卑感，却在走路的时候不自觉地抬起头，努力在复杂的世界中找寻着自己的路。抬着头走路，心里却是虚的。

　　对于"下雪"，印象最深的便是雪带来的寒冷。当无论如何都背不会要考的单词时，我会一个人站在满是积雪的操场上，用自己的不羁和年轻去融化脚下的每一块积雪，也用这雪的寒冷刺激着自己面对学习时迟钝的神经。于我而言，雪的寒冷让自己进步和成长了。除了寒冷之外，对于那份雪白，我却少了很多依恋。

待到再看雪的时候，已然人到中年了。

小时候无论如何都背不会的诗句，居然在一场难得的雪后不可阻挡地层层叠叠浮现在脑海。"隔牖风惊竹，开门雪满山。洒空深巷静，积素广庭闲。"突然间，我怎么都弄不懂的"积素"，居然在装点了银色世界后唤醒了我。不同的是，心境和时空都已经发生了变化。我知道，这雪同儿时的雪或无甚变化，只是更加难得，也更加珍贵。

带着儿子去玩雪，手捧起白雪，准备捏成雪团时，却发现这雪果真不同了。记忆中那童年的雪，只一捏便成了"武器"，如今的雪却很难捏成雪球了，不知是它带上了人工降雪的成分还是雪花中的水受到了污染。好在孩子的眼神依然好奇，小小的身影也依然兴奋地奔跑在没有人迹的雪地里，恰如儿时的我一样。如果这份雪白依然能够吸引单纯的目光，我便也愿意将它收藏在记忆中去感恩。

望着儿子玩雪，恍惚间，我似乎望穿了时空，儿子身上的羽绒服已经替换成了我身上的劳保棉袄，帽子和口罩也遮盖了我脸上的污渍。现在，那冻得通红的手已然变成了暖暖的手套，鞋上的积雪再也不会被脚的温度化成水了。当有着很多不同的两个生命在天地间同享雪白时，我却发现了相同的快乐。任何事物的改变都可以被忽视，唯有心的不变是最难得的。

回家的时候，雪已经开始融化，很难用鞋底和它摩擦出吱嘎的声音了。我牵着儿子的手，仍然能够感受到兴奋、快乐之意。看着枝头上的残雪，我不由得笑着致敬。明年它还会栖上枝头，但心中那份快乐的吱嘎声，却再也无法响起了。

我一转身，你便长大了

儿子很久没有坐过摇摇车了。散步时，我邀请他坐，他高兴地上了车，却在坐过一次之后就下了车，不愿再坐第二次。我很好奇地问他："为什么不再坐一次呢？"儿子回答："我的腿已经有些伸不开了！"牵着儿子的手，我突然有些伤感，那个从前哭闹着要坐摇摇车的孩子已经不见了，取而代之的是一个开始学习、观察和思考的孩子。

那个被称作"时光"的东西，带走了我的一些宝贝，却带来了一个我需要重新审视的儿子。他会把耳朵能够听到的大人之间的所有谈话储存进脑海，然后用自己的方式表达出来；他会把眼睛能够看到的所有表情放进心里，然后在不经意间用一个词或一句话让我眼眶湿润；他会把所有能够感受到的情绪藏起来，开始尝试着自己消化和吸收。

我时常自责，或许是我带给了儿子这份敏感，虽然在大多数时候，敏感于观察和思考而言都是好的，比如看虫听鸟，听风看云。记得在三亚游玩时，我好不容易捉到一只寄居蟹给他玩，他却对我说，那寄居蟹是有家、有妈妈的，应该将它放回大海。我蹲在海边沉默良久，原来我看到的和学到的都被他事无巨细地收藏了，待到突然拿出某一条来比对我的行为，会让我瞬间自感羞愧。不过是一只寄居蟹，在他的眼中已经上升为生命和家庭了。

儿子的这种敏感时常让我会心微笑，但我的经历告诉我，敏感最大的功能也许并不是让人快乐，而是自伤——时常会有不明白，时常会有不理解，时常会有心的抗拒，时常会有思绪的纠缠……这并不是一个成长中的男孩子的理想状态，但是生命的血脉就这样延续下去了。他时常会看到我回家后的疲惫，问我："累吗？"若我做肯定的回答，他便会一个人在一旁玩着自己的玩具，很久，很久，我却只顾着自己的疲惫，忘记了那本应该在一起游戏的时光。

记得有一次，他拿了幼儿园的玩具回家，不敢让我知道，却又露出马脚。我问他："想想自己还缺什么？"他想了很久，告诉我："什么都不缺。"于是我告诉他不能够贪心自己已经拥有的东西。谁知在昨晚散步时，我问他想要什么，他告诉我，自己什么都不缺……

我就是这样一边欢喜一边担忧地享受着和儿子在一起的时光。他被海浪打哭的样子，他向天安门敬礼的样子，他和我一起踢足球的样子，和我一起打游戏的样子，和我抢电视遥控器的样子，都如同被小夹子夹好的一张张照片，挂在我的脑海中，被时光的风吹得越来越远。

我常关心老去的父母和白发渐增的自己，没想到只一转身，儿子便长大了。我多想珍惜同他相处的每一天，但每一个生命都有自己的使命，走上了一条路，就要坚定地走下去。那些被我放弃的应该和他在一起的时光，或许在将来会让我捶胸顿足、伤心后悔，但人生本就该这样。离合聚散总是苦，我能做的，就是每天早点儿回家。

家中的合影都是儿子出生前照的，他常常抱怨这些照片上没有他。我知道他喜欢这个家，而这个家也应该有他的印迹。

牵着儿子的手走在回家的路上，我偷偷擦了一把眼泪。我一转身，你便长大了，即将打开的那扇门，是你的家，家里的照片上，应该有你。

我决定为了他换一张合影。

在他们眼中

我一直执着地坚守着自己的"一亩三分地"。讲课、读书、写文章，发生在我的每一天。我把很多的时间和精力放在这里，只想做一个好老师。而真的好，却应当在学生的眼中。学生有三年的初中时光，我们也有三年的教育时光。更多的我，以成绩为鉴，以证书为鉴，以奖状为鉴，常常忽视了自己真正的镜子——学生。唯有在学生眼里，我才是真实的，也唯有在学生眼里，我才是个真正的老师。

在很多的教育书籍里，读到"情怀"二字时，我都会静下心来反思自己：用情何处？胸怀何物？却也不由得惭愧。现在的老师负担太重，很多该用情感的地方都错过了，有时候甚至以情绪来代替情感。该关心学生的时候，我发了脾气；该严明纪律的时候，我亵渎了幽默；该放松的时候，我紧板着脸，带着不食人间烟火的样子，忘记了人与人之间的情感，肆意地释放了自己的情绪。唯一不知道的是，学生早已在心中默默地记下了这一切。

至于胸怀，则更让人汗颜。我常讲自己是宽容的，容小错，明大理。时间久了却发现，自己的宽容是非常有限的。每个人都带着习惯来到世间，学生不例外，我也不例外。我能宽容的只是小错误和坏习惯，而学生却在短短三年的时间内，完整地宽容了我这个人。如果有一幅漫画来画自己，一定像个魔鬼。

更多的时候，我并没有全面地评价学生，能够做到"善待"二字已经很不容易了。我们常常把教育比作积德行善，我所从事的，也是太阳底下最光辉的职业。但我始终无法为自己画一幅画像。那些外在的东西闪耀出的光芒遮盖住了自己的真实样貌，这让我时常感到害怕。

一个老师，以善良对待所有的学生才是真正的善良，在每个孩子的成长路上积德才是真正的积德。我所做的只是善待了一部分学生，挥洒了一部分热情，更多的都是余光所指或是盲区所在。这哪里是积德？这哪里有光环？这光环背后的阴影，让我常常自责。

在又一批学生毕业前夕，我忐忑地邀请学生为我画像，为我建议，让我有机会以学生为镜，照清楚自己，从真实出发，从本性出发，渐渐弥补自己那项不合格的"工程"。令人吃惊的是，在学生的笔下，我竟然变成了英雄人物、帅哥，甚至是天使。安静下来，坐在办公室里翻看这些画像，温暖和惭愧同时从心底涌上心头。温暖的是，学生无论成绩好坏，我都在和他们的交往过程中，用一点微不足道的小温暖唤起过他们的大温暖，并可以让我在回忆的时候常常感动；惭愧的是，真实的我并没有那么高大，柴米油盐、家中老小一样都不少，也常常忧虑孩子、担心身体。学生们的画像过高地评价了我。但是无论如何，这样富足的精神经历不是每个人都能够有的。我是个幸运儿，除了因为缘分，还因为有过付出。

翻看这本画册，我渐渐明白了一个师者的价值，也渐渐懂得了为什么那么多优秀的老师都安贫乐道。原因不在成绩，不在证书，而在于自己的画像在学生眼中。

以梦喂马

支教这半年，我时常收到空白的听写单。

最初感到奇怪，便开始调查询问，而后开始百般劝慰，在空白之处写下很多鼓励之语。随之而来的并不是"于空白处见丰盈"，而是在日复一日的收交中继续空白。

相比那些努力的孩子们的满分听写单，那空白总显得异常刺眼。人常说"心动不如行动"，但在学业上却是行动要先于心动。我常自责自己的无能，无法调动起一个孩子学习语言的兴趣。虽然在课堂上，我依然激情澎湃，但每当目光扫过，总能看到几张提不起精神的脸，即使阳光遍洒，他们也依然昏昏欲睡。这非常打击我的积极性，也让我心生了黔驴技穷的感觉。于是我开始在讲台上表扬那些优秀的孩子们，愿他们能以梦为马，通过勤奋努力去追逐自己的梦想，意图通过这样的方式多一些"榜样力量"的刺激。我贪心地希望这些方法能够产生作用，然而空白的听写单却再一次摆放在了眼前。

改变别人是很难的，甚至可能是根本无法实现的，否则每个人都会按照他人的要求活着了。人只可以影响他人，而且能够有些正向的影响已经十分难得了。人生的诸多阶段都会有坎坷与不如意，留一些残缺也正是人生的魅力所在。但在如花一般的年纪却不能留下太多的残缺，如果将人生的残缺用尽了，这漫长的路又该如何走下去呢？于是有的孩子以梦为马，将努力和勤奋渗进自己的汗水与泪水，跌倒后爬起，失败后振作，在一次次的错误中让自己梦想的骏马奔驰在成长的路途上。

想起来都美。看万马奔腾，带着青春的气息，炫耀着健硕的肌肉，飘逸的鬃毛掠过时光。即使没有追到当初的梦想，却也将青春的美好时光洒在追逐的路上。擎着阳光少年的光芒走远，谁还管归来如何？

这以梦为马的背后，总有一些懒惰和懈怠。调动不起身体的心和难以支撑头脑的脖子，在同大家一起逐梦的岁月中跌落进时光的缝隙。昨夕今夕相同，轻浮了岁月，沉溺了自己。将自己的梦一次次地伏在课桌上揉碎了，喂马。而后马跑了，梦也不见了。

我慨叹人之不勤，心之不明。我也曾想过责罚，但或许责罚只能让那份空白从纸上写进心中，再投入生活。生活的皮鞭早就等在不远的未来了，所以还用得着我责罚吗？于是我只好如愚牛一般耕作，叫醒他，劝慰他，再叫醒他……

未来或许一切都没有改变，但我总是希望有梦想的孩子多一些，再多一些，逐梦的骏马多一些，再多一些。

孩子，别轻易把自己的梦喂了马！多年后再回望，总要在拼搏的道路上留下自己的脚印，而那份空白，是无论多少悔过都再难弥补了。

小名单

我很怀念没有手机的年代，校园里一片清静。如今我们总在抱怨学生带着手机上学，影响了课堂教学，也影响了学生的健康成长。但这不过是手机带来的影响的一个方面，从另一个方面来说，手机也在深深影响着老师们的工作和生活。

昨天回家，手机上收到了孩子的老师发的一份小名单，稚嫩的笔画，并不整齐的排列，上面清晰地显示着我的孩子没交作业。我惊诧不已，继而迅速"检索"自己的脑海。作为老师，我也在家长群中发布过很多消息和名单，每一条发给家长的消息须得字斟句酌，每一份名单都要仔细核对，更多的是鼓励和表扬，毕竟无论老师和家长都是需要鼓励的，带着正能量进入梦乡，连第二天的状态都会不同。但我从来没有发过这样由孩子写、老师拍照的"小名单"。

实事求是地说，孩子是在我的监督下完成并上交了作业的。检查作业的时候我表扬了孩子，却没有料到孩子的名字上了这份"小名单"，甚至连姓氏都是写错了的。我之所以称其为"小名单"，就是指来自于学生之手，却并没有经过老师的眼和脑的名单。当老师"权威发布"这份名单的时候，是带着"师道"的。我们常讲道法自然，师道也如此，尊重自然生长的孩子，尊重自然发展的心。在任何老师的教育生涯中，最重要的并不是荣誉和成就，而应该是尊重生命和每一颗小小的心。

不患威严患冤屈。一旦因为心不在焉而冤屈了学生，所收获的结果并不是历练，而是留在孩子心中的伤痕，它们甚至会影响到孩子学习的兴趣和他们的未来。这并不是危言耸听。记得我初当老师时，不分青红皂白地批评了一位男生的作弊行为，忽略了他的泪水，最终使他失去了学习英语的兴趣，成绩逐日下降，而愚蠢的我还在一次次地分析他退步的原因。时至今日，每次遇到已为人父的他，我依然心存愧疚地面对着他的笑容。这样的例子我有，相信很多老师都有。我们想要向前走得踏实，就需要在面对学生的问题时问心无愧，这便是师道。

我常在讲座中谈班主任工作中的"尽人事，听天命"。我们需要认真地"尽人事"，首先要尊重每一个生命。当生命健康成长了，成绩或许是一定的，但是技能和本领却是不断增强的。"听天命"就是要告诉孩子们，用自己的能力去顺应时世的变化。我想，这也应该是老师们教导学生的伟大之处。

这份仓促而就的"小名单"，让我对"尽人事"产生了怀疑。孩子越小，老师越辛苦，"尽人事"越艰难。因此我总是能够理解幼儿园和小学老师的不易，并时常抱有感恩和崇敬的心。但并非每位老师都懂得这样的道理，在拥有手机的年代，用着便捷的方式做着随意的事。但是，什么都可以随意，唯独对待生命和生命的尊严不能随意。

我深知这份"小名单"冤枉和伤害了孩子，但愿这伤痕能够很快愈合。我也庆幸自己是个"老师爸爸"，可以用自己的方法尽可能地消弭这件事带给孩子的影响。但并非每个爸爸都是老师，他们在面对"小名单"上不真实的记录时，又该如何呢？

我第一次在孩子的家长群中郑重地告诉老师，孩子的作业是我亲自监督并且态度端正地上交了，没有期盼任何回复……

幸福的累赘

很多父母都喜欢把孩子称为"小累赘",这个词包含了愠意,更多的却是疼爱。从人性的角度而言,这个"小累赘",也是我们愿意花更多的时间,用更久的生命陪伴的。这一个"赘",就赘出了几多望向成长的欢欣和柴米油盐的交响,甚至是别离远方的牵挂。"慈母手中线,游子身上衣。临行密密缝,意恐迟迟归。"一针一线,将这份累赘用血脉系挂在身上;一怒一喜,以浓情蜜意让累赘成为生命的意义。想起来就美好。

有时候忙了一天疲惫归家,望着沉沉睡去的小小"累赘",不知融化了多少父母的心,时间仿佛刹那间就停止了,名之权责和利之重担在"小累赘"的一呼一吸间烟消云散。人间有味是清欢,这味道仅仅附着于浓情之上,品之剔透,感之淋漓。

生活中有很多"小累赘",可以让我们看到其背后的鲜活,如同孩子的呼吸一样让人感动。坐在办公室批阅作业,忽然翻到一本作业打满了累赘的"补丁",吸引我静下心来逐页翻看。从字迹而言,我仿佛看到了一个勤奋的孩子在伏案认真写着作业;从这一块一块的"补丁"来看,我似乎能看到一个孩子精益求精的向学之心。有多久没有见到学生带着"累赘"的作业本了?就如同我再没有穿过打补丁的衣裤一样久远。记得小时候,能穿上打补丁的衣服的孩子,家中必有一个细致的母亲、一双巧手,而彼时的平常之事,在今日却逐渐缺失。人们在纷繁的世间匆忙行走,孩子们在如流的学业中低头奔波，谁还会顾及给作业带上求解的"累赘"？谁还会顾及给生活安上平和的"拖车"？那太影响速度了！但这样生活的结果却往往是拙劣的，学业的效果也往往是一时的，待到后悔时，光阴却又把我们带上了另一条高速路，就这样奔完人生。

我欣喜于这个孩子的作业本上带着"累赘"。面对一颗爱学习的心，我只有倾力以待。于是我写了一张纸条，留下了"加油"的字样，带着欣慰轻轻地夹进了作业本里。这份"累赘"，给了我很多前行的动力，在这安静的校园里，我甚至能感受到自己的心在雀跃，或许幸福的感觉莫过于此。

许多小小的幸福会在生活和工作中一闪而过，我的这份敏感带给了自己很多的快乐，也带来了很多难过。但我始终相信，如若人生真有大幸福，那一定是从小幸福开始的，就像这本带着"累赘"的作业。

文后记：

我没有矫情。老师当得久了，便发现学生的作业越来越漂亮了，在作业本中添加"累赘"的孩子越来越少了。其实对于孩子而言，"累赘"是一颗投入的心。我甚至感到了惭愧。现在读书只图安逸了，往沙发里一坐，长凳上一躺，读了便是了，何曾再有许多勾画和感悟记入其间？皆因小小一支笔被我视作累赘了。

再看到这样的作业本，这份细致的工匠精神深深打动了我，让我感慨于曾经平凡的"累赘"居然成了现在的奇货可居。我们的工作和生活中太缺少工匠精神了，虽然纸上、墙上都有警句广而告之，但真正去做的仍是少数。

做一只麻雀

时常在媒体上看到或听到这样的老师：他们作为班主任，所带的学生全部或大部分考上了重点高中或大学，甚至还有神一般的班主任，将所带的学生"一锅端"地送进了清华、北大。我曾经视这些老师为榜样，买他们的书读，看他们的视频讲座，想着自己有一天也能那样出彩。

多年后，我依旧未能像他们一样，甚至连他们的一半都不如。我带过考不上学的学生，任你如何沟通、讲理，他们就是无法在学习上投入半点精力；我带过吸烟、饮酒的学生，无论你如何去没收香烟、打火机，口干舌燥地谈健康成长，但他们从你身前经过时依然带着烟草气味；我带过早恋的学生，讲过各种道理，请过家长，写过书信，却总能在大街某处遥望到他们青涩的爱情；我带过旷课的学生，他们谎称生病，却在网吧虚度光阴；我带过不喜欢我的学生，他们甚至在我拍照留念的时候怒目以对；我带过骂我的学生，他们因为我不让他们带手机而在网上辱我长辈。

经历了这么多阴影后，我开始不那么相信阳光，也不再相信那些能把全班人都教成好学生的老师。他们如在云层之上的鸿鹄，所遇、所见皆是高飞之雄鹰，而我只是一只市井中的麻雀，经见着俗世间的千奇百怪。鸿鹄欲求青云之志，而我也只能自强不息了，即使是麻雀，也要做一只有用的麻雀。于是我收藏了那些老师的著作，屏蔽了那些梦一样的理念，用最笨的办法让自己的每天过得有意义。

我教语言，虽然也在课改大潮中不断改进和更新技巧和方法，但我深知有一种笨办法一定能把语言学好，那就是把听说读写做到极致。而在班主任工作上，如果也能把听说读写做到极致，这工作也一定会伟大而有意义，小小的麻雀也能实现自己的理想。多听听学生的倾诉，让骂我的学生少几个；多讲讲道理，即使是"耳旁风"也要常吹常灌，能改变一个学生是一个；多读读于自己有益的文字，并不一定是大师之作，哪怕是粗文笑记，只要能让自己有所思悟，就随心翻看；把写文字当作乐事一桩，唱不出高调，吹不了大牛，编不出传奇，便只去写些家常话，如同麻雀叽喳，却也总能细水长流。

我慢慢找到了乐趣，也尝到了苦中作乐的甜头。当一个人接受了现实的残酷并还能热情以对时，至少应该是快乐的。成不了鸿鹄，那就做一只快乐而辛勤的麻雀吧。在行动中做梦，在寻觅中快乐，在平凡中成长，在独立中勇敢。

时至今日，我也依然带不出一个班的好学生，也曾因班级管理问题和班级成绩不佳而受到领导批评。但我始终记得我就是一只麻雀。什么都会褪色，唯有坚持不会。不给自己找借口，也不给别人添烦恼，就这样慢慢飞。多年后，只要梦想仍在，就一定能到达彼岸。

寻常的"日课"

"常常做，不怕千万事；日日行，不怕千万里。"道理归道理，坚持归坚持，急功近利加浮躁，已经没有多少人能坚持做好几件事了。

学生也是如此，不得分的题不会多做一道，不考试的学科甚至被束之高阁。这是社会中的一种普遍现象，却不应该是人成长中的顽疾。

我学书法至今，充其量只能写几个字，临古帖和看书法视频是我唯一的老师。我只知道去写，写不明白就去看视频，看人家怎么写，听人家怎么讲。十几年下来，虽然进步不大，但也实实在在地热爱写字并养成了习惯。有一次看视频，听到了"日课"一说，讲的是"日学一字，日听一课，长此以往，应有小成"。"日课"这两个字吸引了我。怕是所有需要积累的学问都需要"日课"吧！习字如此，习武也应如此，学习更应当如此。我豁然开朗。

英语学习里最不易的就是单词记忆了，记前忘后，加之量大，很容易让人放弃。在教室里给学生听写，未必可以节节做，节节改，忙碌的时候难免会拖延，达不到应有的效果。布置成作业回家听写，家长不会读或是读得不标准，都成了学生们不好好记单词的借口。有些家长有心无力，苦不堪言。

教了快二十年书，我也常受此困扰，所以这个无意中听到的"日课说"让我很心动。心动不如行动。没有现成的日课内容，我就自己制作，将一整本书的每个单元录制成听写的微课，用手或笔逐词指着读，这样，当家长给孩子听写和批改的时候，至少知道是哪个单词。然而一本书做下来很是辛苦，而且这样一课一课地传给学生和家长，于我和我的工作而言也很不现实。于是我又将整本书的每一节听写合并在一起，做成一个二维码，提供给学生和家长。日进一课，一扫即听，我出力，家长和学生用心，让有心无力变成有心有力，有的放矢。于是在一段时间里，我所布置的作业又多了一项内容，那就是英语单词日课。

我始终敬佩那些勤奋的人，因为学习英语是要勤奋的。日课很普通，却给所有的坚持指明了方向。

人生亦如此，明白再多的道理也不如脚踏实地地每天前行，虽然寸步，却不苟且，终能到达远方。

错误，是一面镜子

中国人做事都讲求留余地。为事情留有余地，为人情留有余地，无论何时都要去体谅别人的难处，让合理的事情加上合情的因素，一件事就不会有很坏的结果。花未全开月未圆，这是我们的文化精华之一。很多人将这句话理解为事情的圆满与否，我却觉得花未全开，是为留下一片空白给世界；月未圆满，是为留下阴晴圆缺在人心。每件事情的余地，也许都是为了"犯错误"而准备的。因此我们讲"人非圣贤孰能无过"，而过错则如同一面镜子，映照着自己的内心，也鉴照着他人的清明。

我做学生时，曾经犯错无数，但至今能够清晰记得的只有两次。一次是在高一时，因我近视又好动，故而拴了一条眼镜链，防止眼镜滑脱。在课堂上，我有时不守纪律随意讲话，眼镜链伴随着我脑袋的晃动而晃动，如那时内心的欢歌荡漾。这自然是错误的。于是在一节地理课上，老师将我唤作"小丑"，在众目睽睽之下给了我两个耳光，并罚我站了一节课。因为我的一个错误，老师没有留任何余地地羞辱和惩罚了我，也让一个错误变成了更多的错误。这些错误如同一面镜子，照见了我的调皮，也照见了他的愚蠢。多年后，当台上台下的我和他再次相见并互换位置的时候，我很礼貌地问候了他，他似乎早已忘记了我就是当年的那个"小丑"。"小丑"这样的字眼和"打耳光"这样的行为，早已让我痛心疾首地在自己的教育字典当中删除殆尽。这面错误的镜子从过去一直照向了我的未来，以至于同他握手的时候，我并没有完全释怀。

另一次让我记忆犹新的犯错是在高三时。那时，我的英语老师是一位可亲可敬的老人，我却依旧顽皮，居然在英语课堂上和同桌饮酒，以至于无法直线走进老师的办公室。这样的错误放在今天，也许是不可原谅的。但我的老师却用温和的态度和苦口婆心的劝慰让我们清醒起来。酒醒了，心也醒了，那是我为数不多的几次真正的愧疚。多年后，我带着妻子、孩子在街上散步，遇到了我的英语老师，而他早已是白发苍苍的耄耋老人了。妻子提醒我同老师打招呼，我却不愿也不好意思再把调皮的自己带回老师的记忆中，只在街边站着，静静地目送这位和善、慈祥的老人远去，让他的高大永远驻留我的心间。我的错误也像一面镜子，照见了自己的荒唐，也照出了老师的伟大。老师将犯错误之后的余地留给了我，而我便在这小小余地中反省、改正、成长，终于长成了今天的样子。

之所以能够清晰地记得这两次错误，皆因为它们在我的内心深处掀起过波澜，让我在成为老师之后少走了一些弯路。

错误这面镜子，有时候会照出魑魅魍魉，无论周遭多么温和、友善，一旦错误发生，为护一己之私利，伪善的外套便会不经意地掉落，而那些真实的面目，也正是心之鉴照。昨日，管理学校阅卷系统多年的妻子不慎错误操作，导致一些老师两小时的工作成果化为乌有。妻子不断自责，这么多年，这是她第一次犯错。我却不以为然。有了错误，事情才有可能朝好的方向发展。但没想到的是，当妻子在工作群中向大家致歉的时候，我听到了一些声音，他们非常在乎自己损失的几十甚至几百套试卷的批阅成果，却并不在意那饱含歉意的文字，于是图一时口舌之爽和心中之快谴责了我妻子的错误，抱怨自己的时间被浪费了。原来，有些友善、和谐甚至帮助，都是在没有利益冲突时存在的，一旦伤及利益，哪怕是一丁点，和谐都会烟消云散。我很震惊，原来错误居然有如此巨威，可以让人在不经意间掉落伪善。更可怕的是，他们都是老师，如此小事竟未能宽容以对，站上讲台时又将如何？

当然，这面小错的镜子，照出更多的是人的宽容和善良。绝大多数老师保持了宽容和平和的态度，这也让我默默地心存感激。于是我更加深刻地体会到中华文化中的"两难"，知己之难，也要知人之难，这便是"错误"这面镜子的两面。无论在哪里，去做什么样的事情，都要顾及这两面。

多年来，我一直将《增广贤文》中的"但行好事，莫问前程"八个字当作自己的座右铭，如今却发现了错事的妙处，这"但行好事"也便有了方向。这错误，真的如同一面镜子，映照了自己，也鉴照了别人。

与遗忘竞赛

背诵几乎是学习所有语言的技巧和方法，无论学习汉语还是英语，背诵和记忆的量都将决定语言使用的高度和广度。

我时常懊恼于一个英文单词或是一句古诗被遗忘，明明热情高涨地翻看和朗读了很久，却在一夜之间化作乌有，待到下一个清晨与之见面时，又形同陌路了。

同记不住单词的学生谈心，也能感受到学生和我一样下了苦功，却也总是在听写或考试中达不到理想的效果。每天都能在书籍和电子媒体上阅读到大量的知识，但真正驻留脑海的却少之又少。这样的困惑似乎一直伴随着我和我的学生们。反思中，我也想到过"好记性不如烂笔头"这样的对策，于是拿出笔记本开始抄写，用听、读、写的方法去记忆词汇和句子。不能说这样的方法没有效果，但总是被遗忘甩落了几拍。

一次练字，我发现同是一段古诗，用毛笔抄写的记忆效果要远胜于硬笔抄写，其原因在于毛笔书写需慢，而且精力要高度集中，硬笔书写则快而随意、散漫。再回过头来看学生抄写的单词和句子，似乎明白了记忆的道理——与遗忘竞赛，是要静下来动手、用心的。

于是我常在背包里带一个笔记本，需要记忆的时候便会找一个安静的场所一笔一画地去写，果真有了进步。可时间久了问题就又来了，记忆短的单词和句子，动手、用心去重复可以达到目的，但遇到长一些的段落或是诗词，只好拆分词句，逐条攻破，却又总觉得不连贯，时间久了便只记得其中的几句，大多数的词句还是遗忘了。

前几日在网上看到一种"十遍阅读法"，言之任何需要记忆的知识，需要默读十遍再大声朗读十遍而后抄写十遍，便可以记得八九不离十。经过我的尝试发现，这种方法也并无高明之处，只是多读、多抄了几遍而已。然而几日后，我品味出了自己的愚蠢。我错误地将"十遍"认作"读和抄的十遍"，却并未着意思考为何是"十遍"。

原来，对抗遗忘，除了常识、常记以外，这十遍的阅读是应该带着层次和目的的。诸如一篇文章，一遍概全文，二遍解名词，三遍解形容词，四遍解动词，五遍解副词，六遍解偏正短语（即形容词和名词的搭配），七遍解动宾短语（即动词和名词的搭配），八遍解介词和连词搭配出来的短语，九遍解语序，十遍去精读。这十遍的阅读，如同海浪一样层层推进，每一层都有它的目的，带着每一层的目的去背诵和记忆，兴趣也随之增加了不少。虽然在十遍精读后依然无法完整地还原全文，但这样的阅读效果已经好于简单的重复背诵。

我如获至宝、乐此不疲地读了几篇文章，发现这样带着方法地下功夫比之重复循环地下功夫，效率要高很多。更加令我高兴的是，每个清晨，我都能记起昨日阅读和背诵的很多知识。

"别人一遍，我十遍"，对于我而言虽然慢了些，但是这十遍却是十次不同的阅读。用十种武器来对抗遗忘，胜率自然会高一些。于是我开始推荐给学生和朋友，无奈真正能够坚持的人却不多。看来若想真的去同遗忘竞赛，为自己积累更多的知识，用心、用招和坚持不懈，都是我们无法回避的。

致敬"老战士"

我做视频,也有过一些纪录片作品。在制作中,有一种滤镜叫作"老照片",当灰黄的图像转而变成彩色时,时光也从陈旧走向了焕然一新。

眼前的刘老师依然如我印象中那样神采奕奕地站在台上,同一群二十几岁的年轻老师一起参加班主任基本功比赛。眼帘一开一合,我竟然开始恍惚。一眨眼,在当下;再一眨眼,又回到初识刘老师的时候:短发干练,笑容可亲,心地善良,那种驾驭主题班会的潇洒是我所望尘莫及的。犹记得那堂主题班会课即将结束时,刘老师亲自给我的学生赠送名校校徽,亲切地鼓励班里成绩最不好的孩子,传播着一名教育者的善良。时至今日,那个孩子依旧珍藏着这份特殊的情谊。

于是,我与刘老师相识并交流渐多。刘老师对于教育的热情,我无法用语言去形容。一年有四季,季季不同,而她的热情却一如既往,讲台上教育学生,讲台下教化年轻老师。从她的几个徒弟口中,我听到了"感恩";从几个徒弟的进步中,我看到了她的细心和关怀。一个乐于进行教育分享的人必然是有情怀的,就这样牵着、挂着,陪伴着青春走进中年;就这样托着、举着,默默地做舞台背后喜极而泣的师者。不得不承认,这样的刘老师是快乐的。

同刘老师聊天,我从不拘束,时常抱怨工作之艰辛,人情之淡薄。她时而专注,时而微笑,用正能量的态度与我沟通交流,总是能让我受到鼓舞。

作为同行，我深知她也一定有家庭琐事的烦扰，也会感到疲惫，甚至会有辛酸的泪水，但在教育战线上的她却总是真情投入而又不求回报，用强大的正能量去影响别人。

我从来没有听她说过对荣誉的渴求，这让我汗颜。同样工作了这么多年，我却仍藏着自己的小私心，不能襟怀坦荡，自然也少了些纯粹的快乐。而刘老师却很单纯，她所追求的只是过程中的锻炼。我常开玩笑地说，愿意把自己的荣誉让给她，但玩笑只是玩笑，对于一个虚怀若谷的人而言，荣誉又算得了什么呢？

当灰黄的画面消失，刘老师已在台上，像一个老战士一样带着一群年轻人冲锋陷阵，而我早已坐在台下，成了评委中的一员。仰望着刘老师对教育的那份热爱，我摸了摸自己愧疚的心。

这世界上总有一种人，他们平凡且甘于平凡，奉献且乐于奉献，执着地热爱着一份别人认为枯燥的事业，真实地影响着周围的人，感动着这个世界，也让我肃然起敬。

很庆幸，我可以感受到他们的光和热。

有一种美，叫热爱。

向"老战士"们致敬！

在寒冷的世界里温暖地活着

早起天黑,我全副武装后冲进了仍带着夜色的清晨。

一位小学生摔倒在人行道上,几个晨练的老人围在孩子身边。在确认无碍后,他们将孩子送过了马路。我从他们身边跑过,准备奔向停在马路对面的校车。一辆小汽车在斑马线前稳稳地停住,司机向我招手示意,我也向他报以微笑。

校车车门打开的一刹那,暖风扑面而来,司机师傅早已热好了车,等待着大家一天的冲锋。

前几日收到久未联系的学生的来信,告知自己一切皆好并已有婚约,我高兴地在梦里怀念了许久同他们在一起的时光。耳机里播放的依然是三个月前的歌,它们在乘车途中带给我很多惬意,我舍不得删掉它们,于是一遍一遍地听着这些歌曲傻笑着。

我时常在想,有些事情徘徊在内心深处,即使是好的,也无法从中获取温暖,唯有分享,才会将心底的温暖发散出去,让我们都能够在这个寒冷的世界里温暖地活着。

看见地上的空瓶,将它悄悄拾起,去寻找垃圾箱,将它投入垃圾箱的那一刻,暖意盎然;轻轻捡起同事掉在地上的衣服,将它们拍拍干净,重新挂在衣架上,一切都如同什么都没发生,这世界的温度却升高了;站在讲台上,看着往日调皮的学生依旧调皮,我微笑不语,直到他感到羞愧,然后拍拍他的肩，告诉他学会在合适的时间调皮也是一种优秀；改作业的时候，在学生的作业本上留下"有什么问题需要问我吗？"的字样，想象着学生翻看评语的样子，不禁感到快乐与欣喜；在吃午饭的时候，大师傅亲自为我打菜，我向他道谢后，看见了他的不自然，或许这样的行为并不值得道谢，但他并不知道，那亲手打的饭菜温暖了我，让我感受到了幸福，而我也要用我的方式去温暖周遭。

现如今，赶路的人多了，驻足的人少了；着急的人多了，安静的人少了；烦躁的人多了，坚持的人少了，大家都在辛苦地追求着自己的幸福。若真有灵魂，当它有一日高飞上天，再回看自己样子的时候，一定会先看到芸芸众生，然后在不断放大、层层剥开后，方才发现慌乱的自己。如同宇宙中不同的星系都在相互影响一样，我们同周围也会有千丝万缕的联系，于是在一年四季中，我们更多的是感受到了冷暖，而不是四季的美丽变化。很多时候，我们生活在上帝的追光灯下，看不见他人的表情，也感受不到别人的悲喜，常常在行至水穷处之后孤独地望着自己被太阳拉长的影子，然后放弃。

心有多大，世界就有多大。当我们撤掉那盏属于自己的追光灯时，才能够感受到世界的温暖，即使在最孤单无助的时候，也会有背后温暖的阳光。任何时候，太阳都在向我们微笑，它不因你的成败得失，不因你的喜怒哀乐，更不因你的自私自利而厚此薄彼，它平等地给我们播撒着阳光，我们却常常忘记将这份温暖传播下去。

如果能改变，就从微笑开始吧，不论那个人多么讨厌，一个微笑或许能给他一天的好心情。学会道谢，用这样简单的语言告诉自己，别人的付出并不是理所当然。无论悲喜，学会分享给朋友、家人，有时候那些悲喜会被信任的力量轻松化解。发自内心地做好一件小事或是帮助别人，哪怕是帮别人开一下门，也会传递善意的温度。即使寒风袭面，我们依然快乐，即使手僵脚麻，内心却温暖如春。

时光中，谁人都曾轻狂，谁人也终将淡定，若能留一份温暖给周围，必将收获很多的幸福。耐心地在寒风中等待春天吧！只要心是有温度的，寒冷便会退却。如果今天你带着伤痛融入熙熙攘攘的人群，别忘了在寒冷的风中高昂起头，也别忘了微笑地看待周遭，在水穷处坐看云起。当你足够温暖时，就会发现那些寒冷的苦痛也不过是为温暖升温的一把柴火而已。

近来事务繁多，奔波劳累，我终于在健康了一年的末尾被感冒病菌缠住了。当我站在讲台上用沙哑的声音讲课时，我很高兴自己又换了一种风格，也让我知道自己并不是铁人，也该休息休息了。当我在寒风中戴好了帽子，扣紧了棉衣时，我高兴地摸了摸自己的衣服——谢谢您，让我在这寒冷的世界里温暖地活着。

观点与看法

"逼"出来的能力

成长中，除了本能，还有很多能力决定了人一生的方向。

我们常常在孩子小的时候迷惑：孩子的计算能力怎么如此之差？孩子的绘画能力为什么远低人一筹？孩子的表达能力为何落后那么多？

读了那么多的成材故事，无论是爱因斯坦还是达·芬奇，总会让我们对孩子报以希望——那些画家、科学家，小的时候并不出众，很多能力也是后天培养出来的。于是我们带着孩子去上钢琴班、语言班甚至演讲沟通班，看着孩子一点点地进步，心中有说不出的喜悦。于是怪现象又发生了——当这些孩子走向社会的时候，小时候培养的能力却又消失殆尽。小时候会弹的曲子，长大了全忘了；小时候掌握的表达方法，长大了全不记得了。这些能力哪里去了？

人一辈子会拥有很多能力，有的能力一辈子不忘，有的能力却转头就忘。真正的能力，在很大程度上是来源于人的心智的。当心智不适应环境的时候，人就会感受到一种刺激，这种刺激可以被称为"逼迫"。当主观能动性被这种"逼迫"调动起来的时候，人的能力就会发生变化，会让人尽量去适应环境，这应当是一种生存法则吧。看《荒岛求生》的纪录片可以发现，不会捉鱼的人，由于饥饿难耐，慢慢地学会了捉鱼；不会搭草棚的人，由于天气恶劣，渐渐地学会了搭草棚。很多能力都是这样"逼"出来的。

我小的时候，两三岁了都无法进行完整的语言表达，只会嘟囔，除了家人，其他人无法听懂，于是我成了一个偏爱写字的安静的孩子。我清楚地记得，小学第一堂课，我因为紧张，便将大拇指放在口中吮吸，却偏偏被老师提问读拼音，于是我的沉默换来了至今难忘的两教鞭。好在那时并没有"不平等"的想法，看着很多同学下课后围在老师身旁叽叽喳喳，我也能淡然以对，忘却了自己的不善表达。

我不愿表达，即使心中有很多的想法和问题，我都不想说，却喜欢写日记，写各种文字。幸运的是，幼年的我在母亲的引领下，喜欢上了各种运动，并在运动中结交了很多伙伴，所以并未孤独过。

上了高中，事情开始渐渐发生转变，我的一些作文被老师选中了，让我站上讲台读给同学们听。初时紧张，继而有了一些小小的自豪感。但除了读作文，我与大家并无过多的语言交流，以至于演讲、主持之类的活动皆与我无缘，我唯一做的，就是在教室后面的黑板上办了三年的黑板报。

大学时，因为成绩的原因，我选择了英语系。第一次去英语角，师哥师姐热情地用英语迎接我们。记得我遇到的第一个问题是"What's your hobby？"而我根本不知道"hobby"的含义，于是红着脸跑回宿舍，再也没有参与过英语角的活动。我时常感恩那时的诸位老师，是他们看到了我身上的光，一次次地在课堂上、在活动中给予我机会。在读书的同时，我背字典，苦练发音，确实吃了些苦，但为了适应学习环境，我一次次地逼迫自己，要学会自信地表达。现在想起来，那是我人生中一段痛并快乐的日子，以至于毕业时，我可以用英语主持节目了，也敢于在台上唱歌了，实习时站上讲台，也敢于将目光撒向比我小不了几岁的学生们了。我开始敢于讲话，敢于表达了。

工作后，我站了快二十年的讲台，参加了无数次培训，从最初的低头，到站在讲台上滔滔不绝，我的变化，就是为了适应环境而作的改变。环境逼迫了我，师长鼓励了我，让我从自卑到自信，只有走过那种痛苦，才能成就如今的我。

现如今，每每遇到不善表达的学生，我总能想到当年的自己，想到当年老师们对我的逼迫和鼓励，我也总愿意将机会和平台提供给他们，即使他们不愿意，我也要板下脸来，逼迫他们去做那些不愿意做的事情。我深深地懂得，有时候逼迫也是一种关爱，逼迫出来的能力能够适应这个社会，并且更容易长久地存在下去。

在班主任工作中，我带过很多优秀的学生，得过很多的荣誉，但就能力而言，我这些年的成长，全都来自于那些不优秀的学生，就是因为他们不听话、不努力、出现各种各样问题，才逼迫我不断地思考，不断地改进，有了一些面对他们的自信和能力。

"逼"出来的能力，也是人生的一笔财富。

"高"未必"效"

现在的教育体系中,"自主""高效"逐渐成为教育改革的关键词,许多学校都搞起了"自主""高效"课堂,许多老师谈"讲"色变。看看那些树立起来的学习榜样,教室四面墙壁都成了黑板,课桌也围成了圆形"会议桌"。我们听课成了看课,看学生上课,看他们围在一起,你说我说乱说,不知道说些什么,更不知道所讨论的东西对于他们的学习和提高是否有帮助,而后我们却都说,这是新理念的"高效"课堂。我的心里总是存有一种疑惑:这样能高效吗?

我参加过很多听课和评课活动,发现无论什么层次的学校和班级,什么层次的学生,看起来都是神采奕奕、精神焕发的;无论什么形式的课堂,老师的"导",学生的"学",都是异常流畅的;所进行的小组讨论、合作探究,学生都是有的放矢的。我甚至观察到,有的学生小组在讨论的时候没有什么发言,最后也能形成知识总结。真的是这样吗?学生真的能够无师自通吗?这样的课堂能够成为常态,天天继续下去吗?

"自主、合作、探究"固然重要,可是学生终究是学生。教师不管学生的说法是多么肤浅,多么荒诞,和自己的观点多么相左,都只有加以肯定、表扬的义务,而没有加以批评的权利。这是所谓的师生平等吗?师生平等是人格上的平等,知识上是不平等的,如果知识技能上和学生平等,还能称其为老师吗?

我们反对教师"课堂话语霸权",反对整堂课讲析灌输,反对学生没有读背文本的机会,但是一味地讲求学生自主学习,而学习的目的不明确,信息量又不够,动不动就围在一起"合作",一切都追随学生,完全消除教师的告知义务,学生怎么能够凭着绝对的"自主",进入阅读、书写和思考?一节课下来,收获显然不大。"水过地皮湿",学过一篇课文后,学生印象中留存的东西仍然不多,这样和课改前的"高耗低效"有何区别?

现在许多学校都在跟风学习所谓的"高效课堂"。有的家长叫苦连天:"最近孩子的成绩怎么下降得这么快?问他在学校学到东西没有,孩子支支吾吾的不知道怎么回答。"说没学到,但是为什么课堂气氛那么热烈,学生讨论那么积极?说学到了,可是留下的只是课堂热烈的场面和同学们积极的态度,真正的知识哪里去了?难道这就是我们所要的"高效课堂"吗?它不仅给老师带来了负担,同时给学生和家长带来了忧虑!

"高效课堂"要想真正实现课堂的高效,应该以学生的自主学习为前提,以教师导学为支撑。这种方法很新颖,如果能够形成良性循环,一定会有很好的效果。但是这样的课堂看似用时少了,轻松了,实际上大量的学习内容和时间被放在了课前和课后,学生的课业负担不仅没有减轻,反而加重了。"自主学习,合作探究"放到了课堂上,就要求学生有大量针对课堂的知识储备,从另一个方面来讲,学生在课后需要大量的指导去预习和准备知识。"凡事预则立,不预则废",自主高效的方法没错,"高"之处在于提升了学生自主探究知识的能力和学生之间互相学习的能力,但能否有"效",其实并不取决于课堂展示那短短的几十分钟。内容做好了,形式自然水到渠成。

希望"高"招都能真正有"效"。

教育的"误工费"

一位学生家长，因为孩子的问题，被请来办理一些保险手续。由于手续略为烦琐，耽误了她的时间，她便开始抱怨，要求学校给她支付"误工费"。

听到这件事，我感到十分荒唐，同时也想起了我初当老师的时候，也曾经有过如此经历。那时候我有一位学生，平时表现不是很好，我与他的父亲只是在初一开学时的家长会上见过一面，从此再没有过交集。在没有网络的年代，任凭我怎样给他打电话和邮寄书信，他除了挂断就是零回复。年轻的我很无奈。好在学生明事理，我只好耐着性子去解决这个孩子的大多数问题，甚至包括照顾他的午餐和晚餐。孩子毕业的时候，档案中有很多关于家庭的信息无法填写，我很着急，于是再次拨打了这位父亲的电话，可是每次拨打都会被挂断。终于，在第五次拨打后，电话接通了，我说："我是孩子的班主任……"可是话音未落，他便极不耐烦地吼道："我很忙，不要耽误我的时间，以后不要给我打电话！"然后便粗暴地挂了电话。当时的我一头雾水，细细反省，总觉得自己没做错什么，但是为何这位父亲觉得我打扰了他？这件事情在我心里始终没有答案。

多年后，这个孩子回来看我，我问起了当年的事。孩子告诉我，当年父母离异，父亲忙于赚钱，没有管他半分。好在他很努力地考上了大学，有了一份工作。上大学后，他就再也没有联系过父亲，而父亲却沦落到了"吃低保"的地步。

我常常感叹，如果当时可以有一点"耽误"，如果当时能够沟通，或许我能够调节一下这对父子的关系，孩子或许会感受到父亲的关心，和父亲之间的矛盾或许能够化解。但就是因为缺少了这一点"耽误"，我们错过了教育和沟通的机会，使孩子的内心充满了仇怨。而当年那一点被父亲认为"耽误"了的时间，时至今日却再也无法弥补回来。这虽然是个例，却真实存在。很多人都在奔忙，言之"孩子是未来"，却总有个别人将之视为"盾牌"，不愿意在孩子的教育、沟通上花费半点时间，最终留下了遗憾。这是一种自私。如同这位索要"误工费"的家长一样，当物质利益充满内心的时候，学校算得了什么？孩子又算得了什么？耽误了赚钱，"误工费"能算清楚，但是耽误了教育和沟通，孩子身上的损失又如何能算清？这份"误工费"，让学校失望，也让孩子伤心。

如果我们奔忙到停不下来看看自己孩子的时候，孩子之于我们，便只成了借口；如果我们的未来真的是为了孩子，那未来之于我们，就可以暂缓。爱一个孩子，假不得。

我曾一度相信父母在孩子身上的全力付出，却在自己的从教经历中逐渐地改变着这种想法。有些父母，真的只看到了金钱的意义，狠心地放弃了孩子对于家庭的意义，将孩子"流放"到校园，当孩子渴求关心的时候，父母却拿不出时间和精力。当"时间就是金钱"充斥头脑的时候，有些人便失去了人性。总有一天，当金钱再也买不来时间的时候，命运的惩罚也会随之而来。

索要"误工费"，是对教育的亵渎。停下来去关心孩子，未来在他们身上。孩子身上，有我们种下的梦想种子；孩子身上，有我们展现爱的田园；孩子身上，有我们生活的阳光；孩子身上，也会有我们留下的阴影。

做有耐心的家长，勇敢地"耽误"时间在孩子的教育上吧，我们会得到教育的回馈。

做有爱心的家长，宽容地对待家校沟通吧，我们会得到更多的尊重。

做有真心的家长，唤起内心的人性吧，我们会留给孩子真正的财富。

未来不可期，而孩子就在眼前。

班主任与"马子禄"

马子禄，是兰州牛肉面的一个品牌。

我在兰州学习和工作了二十年，但是想要品尝这份美味，还是要排长队的。排到跟前，看师傅们拉面、舀汤、放料，展示兰州牛肉面独有的技能和魅力，的确是一种享受。待到吃面时，品尝着面与汤结合的美味，这份享受便会加倍。

可就在最近，很多"老兰州"开始抱怨"马子禄"了，因为随着名气的增大，面和汤的质量都下降了，这碗给兰州人带来很多念想的牛肉面开始变味了。看到这样的消息，我唏嘘不已，这"马子禄"与牛肉面，很像班主任与学生的关系。

我是一个班主任，带了将近二十年的班，每每坐下来回顾自己的班主任历程，成败得失都是对半的，有那么几年很成功，有那么几年很挫败。成功的那几年，感觉自己很膨胀，放下了平凡，是一个人生赢家，于是骄兵必败。挫败的那几年，开始反省，知耻而后勇。但无论成功与失败，在这条道路上，方法可以改，态度可以改，唯一没有改变的，是我对这份工作的观点和看法。这很像一碗牛肉面的质量。

一个班级，总要从最底层看起，尊重了排名最后的孩子，就是尊重了一个班级；宽容了最调皮的孩子，就是宽容了整个班级；表扬了成绩最差的孩子有进步，就是表扬了一个集体。以人为本，应当以最底层的人为本，否则就是冠冕堂皇的形式主义。

我常常感恩自己所带的学生们，是他们给了我动力，给了我荣誉，也给了我小小的名气。没有学生们，自然不会有我。很像"马子禄"，名气很大，却忘记了自己就是做那一碗牛肉面的。卖名气的日子过不长久，于是就有了街头巷尾的抱怨。做不好那碗牛肉面，再大的名气也终将回归原点。如同今天的班主任们，有再大的名气，只要离开了学生，工作就没有了意义。

"马子禄"要做的，是保质保量地做好每一碗牛肉面，或许一次的偷工减料并不影响名声，但可怕的是习惯。当那些做法成为习惯，就是失败的开始。经商如此，教育亦如此。漫长的班主任工作中，偏袒一个学生似乎并不影响班级的优秀，但这样的习惯养成了，学生就会抱怨，家长就会抱怨，怨气大了，名气就小了。

经商讲究"诚信赢天下"，教育讲究"以人为本"，但有多少买卖能真正"以质为本"？又有多少教育能真正"以人为本"呢？"马子禄"要做的，是放下名气，好好做那一碗面；而班主任要做的，是放下荣誉，善待每个学生。

道理相似又相通。商业化的社会，人们总会抬眼望见各种利益，不愿低头做好质量；功利化的教育，我们总愿膨胀于各种荣誉之中，不愿平心静气地善待每个平凡的孩子。坚持错误下去，或许还有利益，或许还有荣誉，却失去了真正的土壤。若干年后再回首，望那一片盐碱地，只剩下苦笑。

我希望"马子禄"的名气更大，但我更希望兰州牛肉面更好吃。我希望自己的荣誉更多，但我更希望我是受每个学生尊敬的班主任。

被转移的负担

人没有了负担，就无法茁壮成长。

教育减负进行了这么多年，就是想减去孩子们不该有的诸多负担。在国外的很多教育体系中，家庭作业已经慢慢从动脑、动笔转向了融兴趣于其间的动手做事。当负担有了兴趣，孩子们便也乐而为之了。但目前我所见到的情况却并不乐观。孩子上了幼儿园，便要参加英语班、围棋班，各种培训应接不暇，这条起跑线上的"书包"似乎过于沉重了。

常听人对幼儿说："好好玩吧，等上了学，有了老师，就不能玩了。"这样的话，既是现实，也是心酸。待孩子上了小学，便有了无数的课外任务需要完成，似乎传说中的"素质教育"也便从此开始。实际上，很多课外任务都是为了应付检查。学校要接受各种活动检查，有了负担，于是将负担转移到了班级。班主任要完成任务，有了负担，于是将负担转移给学生。有时，学生要完成的几乎是不可能完成的任务，于是着急、哭泣，家长不忍，便亲自扛起了这份负担。我时常在想，这是减负？不，这只是负担的转移。最终，这历经千辛万苦完成的任务，在一查之后便没了结果。老师、学生和家长都长吁了一口气："负担终于卸掉了。"

我常视此为毒，毒害得老师和学生变得麻木不仁，以至于凡有活动，不过是照几张照片，或是将任务层层下压，最终由家长来完成。家长无奈，只好去做"让老师满意的家长"去支持学校"办人民满意的教育"，可怕至极。

我做班主任时也会面对这些负担，也曾将这些负担转移给家长，但反思后便觉得自己可耻，便不再去追求那些活动和检查的结果。此后每逢活动，我必亲自指导，无论是视频还是照片，所有学生成长中的留赠，都出自我一人之手。做这些真是辛苦，但时间久了，我也增长了许多能力，存留了许多珍贵的资料，所以辛苦过后总有收获。如果将负担武断地转移给了学生和家长，便在无形中加重了家庭负担。家庭"躁"了，还谈何家庭教育？要想教育出纯净的孩子，教育的环境就不能乱七八糟，不能让老师做了学校的事，学生和家长做了老师的事，这样错位的教育体系，只能让负担越发沉重，而真正的素质教育，不过黄粱美梦而已。

　　我们常常在报纸杂志上看到"担当"二字，也常教育学生要有担当。没错！担当的应该是每个角色应该有的负担，只有如此才能促进成长，而那些被转移了的负担，不过是劳力之后的一个笑话。

变了味的口号

在办公室批改学生的作业，听到操场上初一年级正在练习队列，有一句口号让我放下了手中的笔。"拼搏，拼搏，再拼搏；奋斗，奋斗，再奋斗。"这样的口号响彻校园，让我不禁为学生德育教育的盲目而感到后背发凉。教育应当是一个"大育并行"的体系，德智体美劳都应该同教、同育，缺了哪一个方面，都不能成为完整的"人的教育"。

我们常常为自己的某个学生高中"状元"而无比激动，也常常为自己所带的班级成绩位列前茅而倍感满足，但在学生毕业后，我们就极少关注他们了。哪些学生成了领导，哪些学生成了老板，哪些学生平淡地生活，哪些作奸犯科，这似乎超出了我们关注的范围，但事实却是，许多不良的种子是我们种下的。有毕业多年做了公务员的学生回来看我时聊到自己的同事，更多地使用了"凭什么"这样的字眼，"凭什么比我强""凭什么比我好""凭什么比我幸福"等等，心态明显失衡。这样的年轻人，社会上比比皆是，虽已工作或成家，但心态失衡的问题却不见改变，究其原因，都是我们不平衡的教育理念给他们种下了种子，我们应该反思。

"拼搏，拼搏，再拼搏"，初听起来似乎如强军战歌一样鼓舞士气，但细细想来，如此口号从一个初一的孩子的口中喊出，总觉得变了味道。是啊，人生本就应该有梦想并为之努力拼搏，并在这个过程中尽享人生百味，这不失为一种快乐。相对结果而言，重要的是过程。正如品尝美食，重要的是咀嚼，而不是吞咽。拼搏没错，如果没有结果呢？再拼搏，如果仍然平淡呢？这样问题就要出现了。既享受不到拼搏的过程，又无法体会成功的快乐，于是就会在心中"扑腾"起许多的"凭什么"和"为什么"。

人生如自然，有冷热风雨和轻重缓急，也会有曲直黑白。该拼搏奋斗的时候，一定要去努力，那个过程将是人生的宝贵财富。该停下来的时候，要适时停下来去扫叶看花。彼处磨炼意志，此处陶冶性情，都是必不可少的。古语"尽人事，听天命"，我们拼搏奋斗，就是为了"尽人事"。生活和学习中毕竟有许多东西是我们无法左右的，尽力了，也就快乐了，快乐了就好。

诚然，对于学生而言，"向前"的教育是应该的，但不能一味向前，而要让学生懂得，前方也会有黑白苦乐，今天的拼搏是为了让我们的生命更充实，更有意义，绝不是一而再，再而三，无休止地折磨生命那根弦！

我想，若将那口号修改成"我拼搏，我快乐，我奋斗，我自信"，会不会让孩子们在高喊口号时多一份平和的心态。

别那么简单粗暴

人的成长是一个漫长的过程，关注和教育人的成长应当顺势依时而为，在主动教育中陪伴成长。

有四个简单的哲学问题：我是谁？我从哪里来？我要做什么？我要去向哪里？这四个问题无法用科学去下定义，也无法用不同人的经历去诠释，只能在人生这个漫长的过程中感知和体悟，于是人生的高低错落也都在这四个问题所划定的圈内此消彼长。

在社会中，在工作中，在家庭中甚至在一次聚会的桌前，我们的角色都不尽相同，每个角色都该有适配的舞台，每个角色也都该在适当的时候发生合适的转变。站在讲台上时，我是一个老师；坐在办公室里时，我是一个同教育相关的人；走在大街上时，我是一个公民；坐在校车上时，我是一名乘客；回到家中，我是孩子、丈夫和父亲。这些角色编织出了生活和工作的灿烂美好，让我们感受到了充实和快乐。如若简单粗暴地用一种角色去面对不同的舞台，那一定会将他人置于手足无措的境地，也会将自己置于一场笑话当中。

简单粗暴，生活和工作便没有了答案。

在家长群里看到一位老师，或许是出于愤怒，他将一位长期未交作业的孩子的作业本"晒"在群里，姓名赫赫。附言为："家长给我来电话，从开学到现在啥都没有。"初看便觉心惊，再看更觉悲哀。如此简单粗暴的发泄和训诫，于教育孩子实无半点好处。站在教师的角度，我们没有权利在同他人沟通时粗暴地要求对方打来电话，更无权简单地"晾晒"出那个可怜孩子的姓名；站在家长的角度，庆幸与悲哀两分，剩下一分或许就是愤怒；站在孩子的角度，失望与自卑两分，剩下一分或许就是仇恨。

作业是小事，成长是大事。若以作业之小事影响了人之成长，那就罪孽深重了。我是谁？应该高高在上、颐指气使吗？我从哪里来？应该带着这份粗暴去发泄愤怒吗？我要做什么？应该陈述"罪行"、责问父母吗？我要去向哪里？应该受人欢迎、尊重和爱戴吗？我很不解，并替那位被点名的孩子和家长难过，如果换作是我，也会难过和愤怒的。现如今，越是低年龄的教育越需要降下浮躁，让自己的身段和想法同那些成长的孩子们齐平，从"蹲下"到"坐下"，再到"弯腰"而后"站立"。只有平等了，才有机会换位思考，也只有思考了才会反省自己的简单粗暴。换一个角度，平心静气地找孩子聊聊，谦和、主动地给家长打个电话，和蔼地给出自己的批评和建议，换做是任何一个孩子或家长，都会深受感动，即使孩子的情况难有一时之改变，也会心中愧疚于老师的爱。这样做并不难，却被简单粗暴击打得烟消云散，只剩下愤怒发泄和唏嘘悲哀。

少一份简单粗暴，便会多一份仁爱之心。

教育和成长都是大事，在那四个哲学问题后，我想追加一个问题：我们那么简单粗暴，到底想要追求什么呢？

别让错误的教育贬值了人生

"周围所有的东西都在增值,只有我们的人生悄悄贬值。"早上在偌大的校园里晨跑,看到欣欣生长的花草,突然想起了著名漫画家朱德庸的这句话。这些茁壮的花草,没有哪两株是相同的,即使享受着同样的空气和阳光,也都在各自植根的土壤中生长出各自的生命历程。天地之道教会了这些植物在相同的环境中不同的生长,每一株都在尽力上进,绘就了校园的欣欣向荣。

猛然间,我又想起了曾经的班主任的一句励志之言:"同学们,好好努力复习,要赶超某班,我们就成功了!"这样的言语,在我的工作历程中也讲过。但是讲过就后悔,自己怎么变成了如此功利和残忍的班主任?人为造就了一个"成绩论"的环境,要求不同的孩子在这样的环境中有着相同的样子,做着相同的事,梦着同样的梦。结果或许真的赶超了某班,欢喜了家长,抚慰和成就了自己,却不自觉地违背了教育的规律。

在我的成长过程中,也有很多前辈循循善诱:"小伙子,好好干,班级成绩好了,你就是个优秀的班主任!"多年的历练告诉我,那样的教诲对工作是有好处的,但对我的成长却不见得有多大帮助。

现如今,有很多人教导我们如何成功,却很少有人教导我们如何保有自我的世界。《我多想唱》是20世纪80年代的一首歌曲,里面有几句歌词是这样写的:"我想唱歌可不敢唱,小声哼哼还得东张西望。高三了,还有闲情唱，妈妈听了准会这么讲。"经历过高考的人，都在心底存有这样一种"高三氛围"。为了适应同一种氛围，我们强迫自己失去了自己。待到后来我们高歌"想唱就唱"的时候，却发现早已随波逐流。

我们的人生会因为失去自我而贬值，因此，即使"素质教育"喊得再响亮，如果不能真正让一个少年回归童趣，回归本真，而是继续用带有社会功利性的思想去引导学生，那么校园也会成为学生人生的贬值点，从此时光点滴流过，"实现人生价值"就会变成一场空梦。

身处教育之中，要先知人生的价值和成长的规律。既然是园丁，就应知花花草草各有其美，我们只有培育他们的义务，却并没有"格式化"他们的权利。

待到百花争艳时，我们身在丛中，才能笑得出来。

别人家的孩子

有一种孩子叫作"别人家的孩子"。

"别人家的孩子"是最好的。他们学习努力,习惯良好,成绩优异。于是在家长会上,我们总在羡慕老师表扬别人家的孩子,时常望着那些"光环"发呆、入神:那光环下面、领奖台上,为什么不是我们家孩子呢?转而焦虑、愤怒。回家看着自己的孩子,读书不像读书,用功不像用功,心中不满。于是轻者漠视几天,重者拳脚相加,而后重回现实,不断慨叹:"别人家的孩子怎么那么好?"

"别人家的孩子"是完美的。他们上有孝心,下有善心,中间还有感恩的心。对父母能柔声细语,对老师能尊敬有加,对同学能团结友爱,对荣誉能淡然一笑,对困难能春风化雨,如神一般存在于别人家中。自然,别人家的父母也是优秀的,他们事业有成,教育得法,甚至可以不教而教,生活潇洒,光彩照人。每每想起这些"别人家",就会心若冰窖,自惭形秽,于平淡生活中多了几分怨气。自卑地想想自己,愤怒地看看孩子,自己的家到底怎么了?

当然,"别人家的孩子"也有一无是处的。他们不学无术,出口成"脏",恶习满身,有养无教,整日纠缠自己的孩子,欺负自己的孩子,影响自己的孩子,让自己优秀的"生命果实"遭受了"虫害"。于是家长又愤怒了,怒对教育,怒对老师,怒对别人:"为什么他们不负责任,不管好自己的孩子？"

是啊，"别人家"和"别人家的孩子"总是一片未知之地，人们总爱用自己本能中的探奇之心去求索那些未知，也总爱用自己的攀比之心去寻找差距。遗憾的是，这些差距常常无法化作动力，反而成为阻碍。

这是教育中的贪婪。

都说善有善报，恶有恶报，于教育而言却是付出有报。无论经营家庭还是教育孩子，没有付出必然没有回报，种的果实不加呵护和修剪也一定无法收获。

我们常常用自己的回报去比较别人的回报，却忘记了用自己的付出和别人的付出相比较，于是别人家的孩子是优秀的。我们在这粗浅的理解层面浮躁着，眼望别人的田野一点点变得肥沃，而无视自己脚下的土地日渐贫瘠。我们也常常忽视了别人家的付出，自私地认为别人家的孩子对自家孩子造成了恶劣影响，不顾一切地批判甚至惩戒。实际上，自家孩子受到了负面影响，归根结底仍是自己付出的不够。用贪婪和自私的"望远镜"紧盯"别人家"，却不知道自己的脚下已是万丈深渊。

家应该是教育的单位。做自己的教育就要有自己的系统，种自己的田也要有自己的办法。见贤思齐，自强不息方才是正道。让自家孩子同别人家的孩子一样优秀，就要辛勤的付出；让自家孩子不受别人家孩子的影响，也要辛勤的付出。教育，有时候简单到了只有"付出"二字。唯有低下头来整治好自己的田地，才有机会抬起头去看百花齐放。辛劳过后，我们也才有机会站在丛中笑。

别人家的孩子，只是别人的。

不可救药也是药

记得在一次讲座后同老师们交流,有人问及"上课睡觉、不学习的学生该如何处理"。我谈到了这个问题所涉及的三种情况。前两种很好理解,一种是叫其醒来,督其学习。学生年纪小,错过了重要的知识是不易弥补的损失,教师理应唤醒他并监督他学习。当然,这些学生往往是学有潜力的,睡觉也只是偶尔为之。第二种是叫其醒来询问原因再做处理。人有不同,睡觉的原因也有不同。有的学生生病难受,需要休息;有的学生因为学习时间太长,精力不足,需要调整;有的学生真的累了,让他再睡一会儿也无妨。

第三种学生的情况就比较特殊了。有的学生,叫醒了不如不叫,因为醒来的他会不断影响课堂纪律,影响别的学生学习。有的学生叫醒后没多久便又趴了下去。有的学生甚至叫不醒。我在支教时就遇到过这样的学生,他们常常被认为是"不可救药"的。我心里很清楚,你无法叫醒一个装睡的人,更无法唤醒一个没有感应的灵魂。但我并不认可"不可救药"四个字。如果说"不可救药"也是一种药,那它的疗程一定会很长,药效也甚微,但只要是药,便还有救治人的希望。若把"不可救药"当作结果,那对于这些孩子的教育便提前结束了。于是我只好把它当作一味药,一味收效甚微的药。

我听过这样一个故事,一位老人因为被诊断为绝症而悲观难过。为了不给家人添麻烦,他躲进山里,准备了此一生,谁知一夜过去仍然活着。由于饥饿难耐,老人便寻了山洞前的野草充饥,谁知几日后仍然健在。老人便开始研究这充饥的野草，或许续命的根源便在于它。就这样，漫山遍野的无名野草让这位老人一直健康地活着，也不知绝症去了哪里。这"不可救药"便真的成了药。

每每想起这个故事，我就会想到那几个睡觉的学生。在他们看来，课堂似乎总在世外，未来似乎总在梦中，于是浑浑噩噩地虚度光阴，让我也不禁怀疑自己的授课能力。在艰难的思考后，我最终还是选择了一种笨笨的办法，那就是：只要你睡，我便叫你；你继续睡，我继续叫你；你烦躁，我微笑。

我会告诉他们，只要醒着，至少能听进去只言片语。未来不在梦中，而在前方，无论努力还是不努力，孩子，你都该有一个醒着的未来。

我会告诉自己，我很幸运，因为遇到了这些学生，让我明白了有一种药叫作"不可救药"。所以，叫醒他！哪怕听我讲了一个词，一个句子，或是一个道理，对于不可预见的未来而言，或许都是一粒种子。田地虽贫瘠，只要播种不停，谁又知道哪粒种子何时会发芽呢？

在有了这样一学期的支教经历后，我从不讳谈这些学生们，他们没有让我绝望，反倒给了我希望。山有高低，水有深浅，人有优劣，这本就是自然规律。任我遍寻脑海，穷尽思想，最终也只能选择笨笨地叫醒他。回想这半年，我居然在没有发过一次脾气的状态下进行着讲课—叫醒—再讲课的循环，平和地体味着"不可救药"的味道，这便是我的成长。

如果明天依然有梦，那一定不会是在课堂上，因为我会叫醒他。如果明天仍有"不可救药"，那一定不是结果，那是我的一味药。

成长与衰老

望着孩子们的成长，时常感觉到自己的衰老。在并不长的生命中，成长与衰老是统一的。

面对孩子们的成长，我们首先要承认衰老，其次是要陪伴他们成长，而陪伴成长的最好办法，便是打破年龄的界限共同成长。

曾经遇到一位家长诉苦：孩子每天都在听韩国音乐，看日本漫画。他非常生气，无论如何也无法接受孩子的这种行为，于是矛盾频发。他锁上了音乐播放器，撕掉了那些书籍，却在不经意间发现孩子依然故我，然后又于无奈中频起冷战，其结果却是不了了之。

我也苦恼过这样的事情。孩子的追星、追剧、追音乐，我也很不易接受。但静心细想，喜欢和崇拜是每个人的权利，是我们过多地甚至有些残忍地剥夺了孩子在成长中的这份权利，用衰老的心态去审视成长。于是我尝试去听孩子喜欢的音乐。那些音乐确实律动了一些，嘈杂了一些，但当年我们听"小虎队"不也正是为了一份律动吗？于是我重新审视孩子崇拜的明星，帅气、有才华、热心公益，比起我当年所崇拜的明星，简直有过之而无不及。带着一份衰老，走进孩子的成长，你会惊奇地发现，无论成长还是衰老，我们都和孩子一道，在人生的单程之旅上头也不回地向前奔去。与其用衰老建造一堵孩子成长路上的墙，不如默默地挖一条引水的渠，去引流那成长的水。让渠和水相依相存，让成长与衰老形成统一。

很多时候，我们因衰老而悲哀，便用了并不快乐的眼光去看待孩子的成长，于是孩子便开始了所谓的逆反。当这一切在内心深处被"拨乱反正"的时候我们方才发现，原来衰老就是成长的积累。

生命的新陈代谢，不能因为观念的不通而阻塞。孩子们的成长，也不能因为我们的衰老而改变了它应有的面目。本在同向生死，何故逆而反之？

做了老师后，我和学生共同读书，在学生读物中找到了未曾体会过的进取与乐观；做了父亲，我与孩子共同读书，在孩子的书中，我感动于自己许久未见的单纯和天真。更多的收获是，当你与孩子在成长的道路上携手奔跑的时候，便会忘却自己的衰老。陪伴成长是站在衰老的端点去守望另一端的成长，如同静待花开一般。与其守望与静待，不如合而为一，让成长与衰老走在相同的路上，共振于相同的频率上。

在同一个方向上成长与衰老，其实也是人字的一撇一捺。相依相存，这才是幸福。

惩罚的艺术

看了许多关于教师的负面新闻,大多与惩罚学生有关。我也在十多年前,因为学生犯错,用小棍将学生的手打肿了。"棒下出孝子,严师出高徒",很多人都曾经有过这样的认知。

时至今日,教师却处于弱势。在面对学生和家长的时候,言语不可粗俗,行为不可过激,稍不留神,举报、整顿、负面报道就会如潮水般涌来,很多老师在这样的"打击"之下渐渐失去了锋芒,开始了"微笑服务",学会了对学生和家长毕恭毕敬。

不得不说这是一种悲哀,是教育和人性的双重悲哀。我们常说"没有规矩,不成方圆"。"规矩",是我们民族的美德之一。成人的世界有很多规章制度,也有经济处罚、行政处罚等一系列惩罚措施,然而到了孩子们的身上,为什么就不能罚了呢?为什么罚了就犯错了呢?

在我看来,是我们误解了"罚"字。"罚"有两个概念——惩罚过去的错误和鞭策未来的希望。更多的时候,我们的惩罚是因为愤怒,而不是因为智慧。可以说,在我的班主任工作历程中,有一半以上的惩罚是因为愤怒,是通过惩罚来宣泄自己的怒气。而事实上,这样的惩罚过后,学生的错误往往依然存在,而我也多了几分后怕。这样的惩罚是没有效果的,甚至是极为负面的。进行这样的惩罚,如果是在愤怒的情况下,极容易失控地伤害学生。但是如果因为害怕担责,不罚、不管了,也就走向了另一个极端,而这也是在伤害学生。其实，惩罚是一门艺术，是为了更好的明天的艺术。

在多年的班主任工作当中，我总结出了三种惩罚方式：

其一，视优而罚，罚出愧疚之心。我们的教育对象是未成年人，在他们犯了错误时，首先想到的往往是回避或是隐藏，这很正常，我们不必去揭发这些问题，而是要多看待孩子在错误中的正确之处。有一次，班里的体育委员在活动时丢了足球，我告诉他："说明你在认真打篮球，忽视了看管足球。"体育委员非常愧疚，此后再也没有发生过丢球事件。愧疚之心，是人对于自身的惩罚，心中有愧的人，是更有潜力进步的。

其二，视差而惩，惩出羞耻之心。有些孩子是会知耻而后勇的，所以惩罚也要靠向他们的羞耻之心。班里有个别学生喜欢将空饮料瓶扔来扔去地玩，既危险又不文明。我将他们的行为画成了简笔漫画在班里传阅，题为"身边的不文明"。几天过后，那几个扔瓶子的学生主动来道歉。其实羞耻心是高尚的，处理好了，也是前进的动力。

第三，静观不罚，罚出反省之心。有人讲"大音希声，大象无形"，我也可以将我的惩罚方式称为"大罚不罚"。我上学的时候很淘气，曾故意将小便溅了老师一裤子，老师并未嗔怒，还提醒我小心滑倒，本想找乐子的我，刹那间像泄气的皮球一样，心中难过。在自愿为老师打扫了一个月办公室后，我的心才渐渐安定下来。三十年过去了，这件事情依然历历在目，每每想起，自己仍在反省，也感慨当年老师惩罚方式的高明。没有了愤怒的惩罚，往往闪耀着智慧的火花。

在教育管理工作中，不但要惩罚，还要认真地罚，更要学会艺术地罚。

除却戾气方自救

昨晚一个家长的一通电话，让我辗转反侧了许久。

极少有家长在晚间打扰我，因为大家都是家长，在教育孩子的路上，很多东西都是平等的。他们的理解让我心存感恩。也正因如此，一旦有了电话，我便知道一定是出现了家长解决不了的问题，所以更加重视。

这通电话，源于学生之间的小矛盾，解决起来很简单，让我辗转反侧的，却是一个道理。电话里的家长在面对孩子间的矛盾时，用了这样一番理论："有人欺负你，你就打他，打不过就找我，打坏了我赔！这社会总要有个公理的！"好狠的理论，戾气逼人，让我不寒而栗，并突然有了对"公理"的疑惑和工作上的挫败感。每所学校都有"立德树人"四个大字。我们站在讲台上讲善良、宽容、感恩，为的就是让人的一生更加美好，这应当是教育的公理，是大家都认同并且遵守的公理。这位家长口中的"公理"恐怕只属于自己私藏，放之于海内，应当是歪理。

更让我局促不安的，是那种挥之不去的戾气。我开始担心这个孩子。在校园里再怎么"立德"，也抵不过家庭教育中简单粗暴的一条"公理"。最终这个"公理"化作了对我的疑问："老师，该怎么办啊？"是啊，该怎么办呢？我是孩子的老师，同时也是社会中人，也遇到过争端和矛盾，辛酸和苦涩。多年的经历告诉我，办法总比问题多，而方法总比办法好，艺术化的方法，总得来自于良好的个人修养。比如我喜欢赠人以书，就是肯定了书的作用，书上的道理才应该是我们真正的老师。年轻时谁都轻狂过，那时的戾气也多是成长之气，像麦穗，熟了，就低头了。而"为人父母"如同一块里程碑，到了这里，就应该懂得膝下的那个孩子在观察和学习着我们的一举一动，我们要做的，就不再是"修理别人"，而是"修理自己"了。"言传身教"四个字很重，若想让孩子健康成长，非得除却那份戾气，教育家庭，教育自己。

戾气，如同雾霾一样，无声地从一个点溢出，然后渐渐地弥散开来。得到宽容却不知感恩，遇到伤害便变本加厉地报复，然而当你觉得全世界都与你为敌的时候，你已经远离了这个世界。现在的暴力犯罪者，大多是年少时受到过环境的浸染。校园欺凌也有不少是从被欺凌开始的。乍听来，似乎值得同情，但找到这份戾气的源头之后，却不由得倒吸凉气，原来那些所谓的"爱和关心"，就是在伤害孩子！

如果爱，请真爱，教他学会宽容平和。

如果关心，请修己，言传身教地去熏陶。

如果都做到了，就请陪伴，让陪伴成为孩子成长中的珍藏。

挂断电话的时候，我已然放下，而电话那端的人，需要放下的还有很多。

春风在哪里

课间春光明媚，我同学生聊天。

我说："你们的笑脸就像这春光，你们的生命也像春芽，待到春风吹起时，便会蓬勃茁壮，欣欣向荣。"学生们都很高兴地在阳光下舒展，影子被阳光在地上拉长，真像一棵棵小树在抽条拔节。

人们总喜欢在事之初始许下美好的愿望——生意开张要摆花放炮，电影开机要敬香祈求一切顺利，婴儿出生要挂长命百岁锁……春天也是一年的开始，每个孩子自然也不例外地随着季节的脉动而快乐起来。

我坐在台阶上，望着他们高兴地在操场上玩耍，心情也爽朗得快要溢了出来。忽然一位学生跑过来问我："老师，你说'待到春风吹起时'，我们就会欣欣向荣，那春风在哪里呢？"

我一怔，是啊，春风在哪里呢？

无论冬天的严寒有多么残酷，春天都会如约而来。如果孩子们是春天，那带给他们春风的，不正是如我一样的大人们吗？然而我们却一次又一次地提起孩子们不愉快的寒冬，在阳光明媚的春天一次次地复盘过去，在本该和煦的春风里，依旧带着寒冰一般的面孔站在他们面前，在春天里细数着他们冬天犯下的过错。若再带有丝毫的厌倦和不喜，春风便真的无处可寻了，春天更加成为心中的一个符号。

微笑是春天的伴侣，舒展是春风的伙伴。想办法忘记冬天吧，寒冷和阴沉无论如何都配不上这明媚的春光。

我微笑着用双手夹风,对他说:"看,此处有春风!"又用手指着远处和学生聊天的老师:"看,那里也有春风!"再指指忙碌了一上午,坐在凳子上休息的校工,"看,那边也有春风!"

有些时候,心存春天,春风不吹春自来;眼有青山,翠色不流眼自醉。

学生顺着我的手指的方向,看了这边看那边,似懂非懂地跑进了春光。我思忖着,他或许并不明白这春风到底在哪里,更不明白自己是否能够欣欣向荣。这春风应当是蓝天给了大地,大地给了大人,大人给了孩子的。没有了春天的心,便无法带来春风的故事。

忘记寒冬吧,在春天里给孩子们种一粒春天的种子。在心里蓄一缕春风吧,散播出去,让春天就此开始,管他能不能春色满园,更不需担心在下一个季节能否夏花烂漫。

学生们都上课去了,我一个人在春光里坐了很久。春风拂面,并未理会我在冬天经历了多少寒冷和挫折,而我也需要带着这缕温润的春风,奔向属于我的田野。

从圈养中突围

我已经很久不看朋友圈了。

自从有了朋友圈,自己仿佛就被置身于一个庞大、嘈杂的市场中,琳琅满目、千奇百怪的信息都在身边围绕,突然间,很多朋友的生活变得透明了,我自己发两条信息,居然也被点赞良多。朋友圈既能满足点赞者的窥视欲,又能满足发布者的虚荣心,于是点赞之交多了,"圈子"就变得更加庞大了,每天用手指不停地刷呀刷,便成为打发时光的头等大事。

看朋友圈真的如同逛市场一般。从最初的好奇挑选,到后来的厌烦。我不愿再被"圈养"于其间,而是想办法重新寻找自己的安静。于是我开始设置朋友圈,将浏览和访问量都降至最低,甚至到如今不再想起。即使偶尔看看,也如过眼云烟一般。

其实人的生活是有存量的,无论物质还是精神,我们能够运用到的,只是那么一小部分。日食不过三餐,夜眠不过三尺,谁也无法在这些自然存量上做大文章。而生活中的那些惊喜、快乐和悲伤,也不过是平淡中的秋毫之末。记得白岩松曾经讲过,生活有百分之五的快乐和百分之五的痛苦,剩下的百分之九十都是平淡。懂得生活的人会用百分之五的快乐去面对那百分之九十的平淡,反之,不懂得生活的人却用百分之五的痛苦去面对那百分之九十的平淡。当我们的朋友圈塞满了周遭的快乐与痛苦时,我们倍觉新鲜,于是点赞、评论,皆因为它共鸣了我们自己某一部分的生活。然而当存量耗尽，快乐和痛苦都不过如此时，大家的平淡便都成了一样的，此时若再要"为赋新词强说愁"，难免有些捏造之嫌了。生活只能过，不能捏，于是朋友圈开始出现大量的转发信息，什么"这个节气有来由""那首音乐很爱听""这段文字很励志""那首诗歌很感人"……我时常有删除的冲动，但每每想到那些信息背后的朋友，或许也是在百无聊赖中证明自己的存在抑或慰藉自己的心灵，我便选择了放弃……"市场"总是要开的，而我需要突围。

我也曾跟着朋友圈的某段文字或是音乐离开过自己，但当打开或是听到的一瞬间，我便知道那不是我感兴趣的。别人的生活，我并不感兴趣，那些喜怒哀乐总是别人生命的圆满，而我自己的生活，终究不想变得透明。

在朋友圈中，我们用短短几年时间就回顾了自己过去的欢乐和痛苦，并且在努力地演绎现在。其实大多数人的生活都是殊途同归，而且在同样的阶段内，也很难找出非常大的差距。当人们对这个世界足够熟悉，分享的主角和看客们也都会逐渐失去新鲜感。被"圈养"得久了，我便更加珍惜现在这一份平淡无扰的生活，即使是面对最美丽的大海或是最难过的挫折，也总是我能经见的。我的生活和心情，并不因"点赞"而美好，也不因无人关注而难过。我想，这才是自己能够把握的生活。

从"圈养"中突围，我发现自己有更多的时间读书写字了，工作效率也提高了不少。原来世界这么大，我们能够掌控的实在是少之又少。除了掌控自己的心，便只有那根刷朋友圈的手指了。

从《射雕英雄传》看教育

每到假期，我总是会把从中学时代就喜爱的武侠小说捡起来温习一遍。小说情节已经了然于心，还要看看各个版本的电视剧，看看是否与自己脑海中的人物、情节合拍。这些天，我又看了一遍金庸先生的《射雕英雄传》，除了英雄的成长之外，我脑海中的《射雕英雄传》又同孩子的成长联系到了一起。

金庸老先生很高明，把教育以及人的成长融入了特定的历史时代，用江湖的风去渲染人的成长，这是我很敬佩的地方。先看看大侠郭靖，小说中不止一次地用"资质鲁钝"四个字来形容他的天分，而他的成长却始终将勤奋和运气结合在一起，这在我们的教育中也是实际存在的。"天资聪颖"不是每个孩子都有的，鲁钝的孩子占了很大的比重。郭靖从小受苦，从失去父亲到远逃大漠，生活中没有几件如意的事情，好在他有一个内心无比慈祥，文化程度不高却又很严厉的母亲——李萍。她在战争和流离失所中始终保持着大仁大义的家国情怀，用现在的话说，是一个侠肝义胆的女汉子。她未曾教过郭靖一字半言，却在待人接物和国事的大是大非上对孩子严厉得有些不近人情。这就是郭靖所受到的基础教育，这样的教育实属难得。

看看今天的孩子，不论聪颖还是愚钝，都是家中的一块宝，从小就被送到文化艺术的课堂上去学习，不让孩子输在起跑线上。优越的生活条件，也几乎使孩子们的任何愿望都可以得到满足。但是我们依然发现了不尊不敬、打爹骂娘的孩子。家长一脸迷茫:"我的孩子学了这么多文化,领略了这么多艺术,怎么会变成这样?"我们也发现了在升国旗时嬉笑打闹的孩子,发现了满腹诗书却"出口成脏"的孩子,还发现了很多难以搞好师生关系、性情乖戾的孩子,甚至长大后满脑子文化和理想却"啃老"的孩子。到底是怎么了?

《射雕英雄传》中郭靖的成长告诉我们,孩子无论天资,总是需要吃点苦的,也总是需要受点严教的。无论家长学问高低,总是需要有一些仁义道德的底线的。很多人理解的家庭教育,仅仅是"课堂之外的更多知识"。其实不然。让孩子是个孩子,才是真正的家庭教育。郭靖在如此的家庭教育环境当中渐渐长大,于是有了"江南七怪"、洪七公、周伯通这些武林高手成为他的师父。其实除了有"尊师"的优点之外,几乎每个师父都嫌他太笨,但是他良好的品行和勤奋的习练换来了自己的运气,每个师父都不厌其烦地教导他,使他终成一代大侠。需要看到的是,郭靖的师父们无一例外,都是侠义高德的人,而郭靖的运气就在于遇到了好的老师,更在于用自己的品行和勤奋改变了老师们对自己的看法。这样的事例,在我们的教育当中也常有。师徒间是有缘分的,现如今的老师,也大多是学高身正的。在教育愚钝的学生时,他们的态度其实和郭靖的师父们是一样的。老师们普遍能够接受那些德行端正、习练勤奋的孩子。如果人愚钝,再加上德不端、身懒惰,那是无论如何也讨不到别人半点喜欢的。

细细想来,不聪明、德不端、身懒惰,这样的孩子在现今的教育中不在少数,其根不在学校,而在于家庭和孩子自身。而像郭靖这样,靠一份高德、一份勤奋,换来了自己成长中的运气,然后受得其苦,终成大器,这是个人的教育,更是家庭教育的一部分。这样的情况值得我们深思。

小说中的另一个孩子是黄蓉。金庸先生不止一次地用"聪明伶俐"来形容她。她"有藏书传家,有天赋与身",从小就在父亲的熏陶甚至强迫下饱读诗书、学文写律。因此,在行走江湖之前,黄蓉就有了大量的知识储备,而这些储备来自于良好的家风、家教。在现在的教育中,"教"的方面,除了在学校接受的知识，还包括在社会上历练所得到的知识。与"教"相比，更重要的是"育"，而这一方面却来自于家庭教育。可以这么说，良好的家庭教育是一个孩子成功的关键。现如今的许多家长都忙于自己的工作，忽视了对孩子的家庭教育，直接将孩子推向学校和社会，任其发展，甚至不闻不问。孩子在缺失家庭教育的前提下，很容易"泯然众人"，甚至有可能养成不良习惯，所以"立德树人"首先应当从家庭开始。《射雕英雄传》中的黄蓉，正是具备了来自家庭教育的品德与知识，才为她后来的成功打下了基础。

黄蓉成功的另一个原因在于她的灵气与悟性，这从她学各种功夫的速度上可见其一。这种悟性，除了天赋之外，还是来自于家庭教育的成功。她的父亲黄药师，除了是一代武学宗师之外，还是一位家庭教育的成功者。在现代教育当中，也不乏如黄药师一般的大师和名家。但家长的成功不代表孩子的成功，失去监督管控和言传身教，就无法影响和教育孩子，将家长本身所具有的极好的教育资源白白浪费，在孩子的教育上留下遗憾。每位家长，不谓"知书"，却也应"达理"，如果能够结合二者，就不会造成那么多家教的悲剧和成长的遗憾。

《射雕英雄传》中还有一个角色——杨康。他天分不浅，又在王府中长大，从小受到了优待，文才武略都有培养。他逐渐长大，看到郭靖有更好的师父，又有黄蓉相伴，想出人头地的心态便冲昏了头脑，便开始误入歧途。《射雕英雄传》中的坏人，他接触了大部分，最终自取灭亡。在作恶途中，他也曾多次良心发现，但最终还是难以抗拒荣华富贵的诱惑和出人头地的欲望。杨康败给了心态。

我在班主任工作中给班级制定的班训就是"性格影响心智，心态决定成败"。孩子从小的性格培养极为重要，且这种培养大多来自于家庭。如已然养尊处优，那么仍要适时给予挫折；物质丰富没错，也要常念物力维艰，娇惯溺爱要适度。更为关键的是，父母双方的育儿思路和方式要一致。看杨康，面对出身高贵的父亲和茅屋中朴素的母亲，截然不同的两种教育，从小就影响了他的心智，使他具有了双重性格。随着成长，这样的双重性格渐渐改变了杨康的心态，让他生出了嫉妒心，没有了受挫折的能力，最终导致了失败。

现代社会，家庭的经济状况越来越好，然而好的物质条件往往遮盖了贫瘠的精神教育。家长自己没有认清人与人之间的差异性，片面地要求孩子更高、更强，却不去想一想，自己本身不平和，又如何让孩子平和？于是现在很多孩子的受挫折能力极差，经不得风雨，受不了批评。

教育的育人职能是包含着惩罚教育和挫折教育的。而现在，孩子在学校受不了批评，受不了委屈，家长不分青红皂白就去闹事，如此谬事屡见不鲜。还有许多家长觉得孩子受挫能力差，便去寻求心理原因。殊不知，有很多问题是"心理"层面上解决不了的"心态"问题。心理原因包含了主观想法和客观事实，而心态是纯主观的，是没有办法靠客观调节的。大人如此，孩子亦然。那时若有心理医生，怕也难治杨康，因为只要杨康还有父母，只要郭靖还有功高侠义，有黄蓉相伴，杨康的心态就很难被调节过来。因此，对于孩子的成长教育来说，只有家庭教育的精神基础受到重视了，孩子才会有良好的性格、平和的心态，以这样的基础再去接受知识技能的教育，往往事半功倍。

从《射雕英雄传》中杨康的身上所映射的教育问题，其实就是性格和心态问题，是金庸老先生的教育观，而且时至今日还在影响着我们的教育。

从《射雕英雄传》中，我们读到了郭靖的勤奋与运气，黄蓉的家教与灵气，杨康的性格和心态，而这些恰恰是我们教育当中所要面对的。虽然家国情怀和侠义之气才是小说真正的主旨，但是作为一位从事教育工作的老师，我却在读书的过程中思考，在思考的过程中生发，继而实践。"让小说充盈精神，让思考充实实践"，《射雕英雄传》并不是一本适合推荐给教育者的书。但是在"且读且思""无处不思"的过程中，我们依然能够发现它的教育亮点。

读"德"之悟

翻看《说文解字》中的"德"字,从文字当中感受到中华文化中"以德兴帮,以德治民"的魅力。慨叹今日的我们,在匆忙之中遗失了老祖宗的许多宝贵财富。

在甲骨文中,"德"字只有左侧的"心"和右侧的"眼",即用眼去观察,察自然,察人事,察规律,然后以"行"的精神去实践,视为"有德"。也可以理解为边走边看,这应当是"德"的初始概念,也就是"立德"。细想起来,即使是初始的"德",在今日也并不普遍。有的人只顾匆匆忙忙地奔走,忽视了抬眼去看世界的美;有的人只顾眼中情和口中理,讲出一堆"套餐",却又寸步不行。

我不禁想到了如今的教育,无论哪一个层级都不缺少理论,但无论哪一种理论,在实践的道路上都步履维艰,很容易由"模式化"变成"形式化"。理论的背后是空白的执行,让"德"字只剩下一只眼。还有的走了另一个极端,在追求成绩的路上低头前行。成绩好了,便什么都有了,许多该有的教育也被抛至一旁,让"德"字只有行走。不看,不行,如何"立德"?

回到《说文解字》。到了金文中,"德"字便又出现了进步的演化,在右侧的"眼"下又加了一颗"心",逐渐形成了繁体字的"德"。每每看到这个字,便多了一分对祖宗的敬佩,在那样遥远的年代就开始领悟出"德育于心"的思想。

无论是看还是行,最终都要消化和升华在心中,是为"养德"。从"立德"到"养德",经过了漫长的中华文明的印证。"化于心"方才有"得"。如今的德育,是否真正化于心,是值得怀疑的。德育不该只属于学校,而应当是每个人的日常。说来也简单,走走,看看,想想,人在"动"之余,便也渐渐"静"了。只要去想,必然有所"得",小"得"利己,大"得"利人,不也正是《孟子》所讲的"穷则独善其身,达则兼济天下"吗?无论"穷"还是"达",唯有思考,才会有利于他人和社会。读万卷书,行万里路可以立德,养德却更困难,所谓"行成于思,毁于随"是也。

因为职业的原因,我总能看到学生中的许多怪现象,读书读到无文采,旅游行到无眼界。关于"德",每个孩子都能述说一二,具体说了什么却未必清楚。由于同成绩无关,便也没能引起重视。殊不知成绩之"得"只停留在人生的某一段落,而精神之"德"却贯穿了人生始终,二者兼而有之,人才是充实快乐的。

简而化之,当历史的车轮行至今日,"德"字的演变用最简单的象形真切地告诉我们,看这世界没错,耕这土地也没错,若能再多想想,便于悄然间养起了自己的"德"。把外化的世界悟进自己的内心,将养起来,人才会充满能量。

我练字时常写"德",却也始终未能做好一二。

好看的皮囊和有趣的灵魂

网络上流行一句话："好看的皮囊千篇一律，有趣的灵魂万里挑一。"在俏皮和幽默的背后，我想到了现如今的模式化管理。

如今什么都可以模式化，诸如阿拉伯数字、英文字母排列的模式，诸如一些名人名字的模式等等，无论何种模式，都有着统一的外表，整齐有序而又好看，若用"好看的皮囊"来形容，虽有亵渎之嫌，却也是不争的事实。德育有时也会被要求有一个模式，一旦有了模式，就要研究和推广，于是便有了各种各样好看的"皮囊"，而有些皮囊里却是空空如也。

模式稍不留神就会变成形式，皮囊再好看，如果失去了内在的有趣灵魂，无论何种模式都是没有意义的。曾经有一次听公开课，无论是上课的模式还是方式都是好评一片，但是就过程而言，这节课的所有步骤都是千般演练过的，就连幻灯片上即将出现什么图片，图片里有谁都早已安排给学生记住。于是老师尽情表演，学生尽力配合，将一个好看的"皮囊"展示到了极致。对这样的公开课，我没有任何评价。批评这好看的皮囊，对不起别人的辛苦准备；赞扬之，却也对不起自己的内心。

事物若只是好看，最终都将随着时间的流逝而消失，唯有在好看的皮囊下面孕育出有趣的灵魂，二者合而为一方有意义。有趣的灵魂是变化的，因为人的经历和学养不同，所以有趣的灵魂也各自不同。在相同的模式中，创造不同的方法，才是发展之道。

早上同爱花草的好友聊天，好友讲养花施肥的知识，说钾肥用来强壮植株，氮肥用来伸枝展叶，磷肥用来促其开花。听着这些知识，让我既佩服又吃惊，佩服好友高深的养花技巧，吃惊的是，连这些养花的知识都同"模式与内涵"不谋而合。针对不同的植物要用不同的肥料，最终的目的都是让植物更加健康，该开花开花，该长叶长叶。这好看的皮囊背后，是不同的方法。

如同人一样，灵魂丰富了，人才会有趣，外在的皮囊也一定会越变越好看。如同事一样，方式方法多样了，外在的模式也才会经得住考验。

愿每一个好看的皮囊下面，都有一个有趣的灵魂。

花开自明

> 开在心里的花，总是最美、最香的。
>
> ——题记

世上的鲜花有千万种，映入眼帘色彩缤纷，而真正入心的却少之又少。真正赏花之人，不看鲜花正艳，却总将目光停留在含苞待放、将开未开之花上，给人以无限遐想。

如若人生之花，那生命拼搏的过程，向往高处的动力应当是最美的；如若心灵之花，那积攒的善良和仁慈，带着阳光的暖意倾洒周遭也应当是最美的。看花待放，总能涌起生命的动力。这纷争了一路的花啊，终于有机会将自己积攒的雨露和美好展现给世界，而后无怨无悔地枯萎、凋谢，并不在意世界的冷暖，更不介意人目光的高低，自生自开，而后自灭。我的注视中凝结了些许羡慕。如若我们心中的花也能如此为自己而开放，无所谓花期长短，便也不枉来世上一回。

有一次在公交车上看到一个腋下夹着书的大学生，长相不算甜美，打扮也并不入时。路途漫漫，她却在始发站让座于一位老人，而后挤入人群，寻了一个不起眼的角落，眼望窗外。我一直在关注她，但见她紧紧地夹着书，望着车窗外的车来人往，一路微笑。我下车回头再看，仍能隐隐望见那车窗里的微笑。我知道，她的心里开了花。

回到家中，我拿出笔记本想要记录那一刹那的美好，却无论如何无法从脑海中搜寻出可以表达的文字，只有香和美飘荡在心间。有一种心中的花，美得不可方物，幽香袭来时，自己的心也会变得柔软起来。禅宗中有"拈花一笑"的故事，佛祖手拈一支金色毕钵罗花，示众不语。半晌，只有大迦叶尊者展颜而笑。于是佛祖大喜，传以无相法门。这段禅宗故事，初读时大惑不解，佛祖为何拈花？迦叶为何微笑？似乎并没有明确的答案。但这一应一合，不正是最美的花吗？我需要你，而你就在这里，于是心中的花朵映照而开；我热爱它，而它始终不负，于是微笑自心中油然而生。此处花开，彼处微笑，心照不宣，何须言语？不必新鲜，不必艳丽，心无所住，花香自来。

我于花美、花香并不敏感，每每望见香园花海，也只知拍照留念。但每每从生命的角度去体味鲜花时，却总能涌起别样的心情。花间一朵，却承载着人间段段情。古人在稻花香里感受着即将丰收的喜悦，在带雨梨花间唏嘘着自己的孤寂，在春花秋月中思念着故国田园，又在山花烂漫时展示自己胸怀壮志。花的美好，并不在于颜色和形状，却在于同时空和人心的映照，美丑与否，香臭与否，全在于内心的清明。恰如阅人，颜值终付时光，功名总随流水，那些曾经在生命中出现的美丽与香气，也都会在心的含苞待放间淡若烟云。真正的明，并不因眼见而惊叹，更不因体感而惊喜，全在于心。

眼望春色美景，花香自明心间。

换一种气质去生活

——写在世界读书日

生活总有许多烦琐，日子也总有很多"不一定"，真正能够改变我们的，未必是环境，也未必是别人，细细想来，很多事情的始作俑者都是我们自己。

买了车，于是开始抱怨马路的拥堵；买了房，于是开始牢骚物业费的高昂；生了孩子，于是开始痛心于孩子的教育；选了职业，于是开始这山望着那山高。当一切的不如意倾尽袭来的时候，我们便开始挣扎，换环境、换朋友，可换来换去却发现，自己可以穿得不一样，吃得不一样，玩得不一样，却依然什么都没有改变，现有的习惯仍在，现有的想法也并未改变多少。

几番折腾后才看清楚，原来这个世界上能够改变自己的只有自己。反求诸己，只有为自己换一种气质，才能改变精神和思想；只有改变了自己看待人事的看法，才能改变我们为之付出的行动；只有改变了我们的行为，周围的环境才能改变，而环境好了，人自然就好了。

改换一种气质，并不是通过改变外在就能够实现的，比如我们换了发型却换不了大脑，换了皮鞋却换不了脚趾。有很多朋友想通过学习琴棋书画来改变自己的气质，缘何有些成功，有些失败了呢？举个例子吧，有些朋友学习书法旨在用笔写字，从不了解书法的历史和发展，更别提汉字的演变过程，没有了这些作为根基，便失去了研究和思考的乐趣，写了几日便悻悻然弃笔了。无论琴棋书画，背后都是学问，学问要向书中求。唯有读书与坚持，才有机会改变自己的内在。

早些年，我读书很快，买了几本新书便会匆匆读完，而后再买、再读，到最后，只是记得书名而忘记了内容，却还沾沾自喜地认为自己读了很多书。于是那些年，自己的变化也微乎其微，看待人、事的观点也并没有因为读书而有所改变。现在想来，都是因为自己那时只是在摸书，求得了体感，却并没有入心而读。幸好，这样的情况慢慢发生了变化，读书也开始变得很慢，有时候一天不过读上十几页，但每有感受便会随时记录。有时书的边角空间不够了，便开始写成文段，时间久了，我便惊喜地发现了自己的变化，于是继续读书，让书中的文字刺激自己的感受，而后思考、写作，再读书。

我读书不拘一格，兴致来了什么都读，因为我始终相信，不同的领域会有相通的地方，即使学不到，至少也能多一些了解。年头久了，习惯就有了，慢慢地发现自己没那么着急了，愤怒的次数也渐渐减少了。该吃的一样不少，该睡的一分不减，时不时弄点儿减肥茶敷衍一下自己发福的状态。这种改变，便是读书带给我的内在变化。买了汽车就好好让它为我服务，买了房子就好好去享受那些空间，生了孩子就好好陪他长大，有了一份职业就尽力去做好。这些从前没有的观点逐渐驱散了我头脑中的愤怒和爱憎，读书和写作也成为每天工作与生活的"肥料"。时间多了多施肥，时间少了就少施一些肥，多少随意，都是成长。

读书没有钩心斗角、尔虞我诈，一本书、一个人足矣。当读过的内容在脑海中被烹饪成人生大餐时，我们的气质就会因此而改变。所以，当你烦恼、焦躁、低落、迷惘的时候，不妨试试换一种气质去生活，而读书，正是那条摆在眼前的路。

朋友们，今天你们读书了吗？

回归家长

听到过很多家长的抱怨，教育孩子太累、太辛苦，成效也不显著，心里想着静待花开，可总是在浮躁中等不到结果。

前几日在网上看到一则新闻，某小学五年级某班的班主任杨老师因为怀孕而被家长联名"罢免"。杨老师虽然负责，但怀孕期间不免需要隔三岔五请假。由于代班老师不熟悉班级，一来二去，学生成绩出现下滑，很多家长对此很不满。家长们"罢师"态度坚决，甚至动用各种社会关系向学校施压，让学校也很为难。无独有偶。不久前，广州一小学又爆出了一则"年轻班主任被家长联名'罢免'"的新闻，要求"罢免"的原因是那位老师太温柔，无法管住班级纪律。

每每看到这样的新闻，我都会觉得很难过。我们常常讲"理解万岁"，也常常给学生讲"包容"和"厚德"，也难怪学生学不会，原来根源在于家长的心态。我曾经在"家长学校"的一次培训上讲"等待"，讲得很多家长泪流满面，我在台上能够清晰地看到那些眼泪。其实他们不是因我所讲而感动，他们流下的其实是悔过的泪水。现如今，不能静静地做事已经成为一种社会现象，这种现象波及开来，形成了浮躁之风。现在的孩子们，听故事要尽快听到结尾，看电影要用快进的方式去看最精彩的部分，看球赛只看精彩的进球瞬间，甚至于读一本书也只是走马观花，用"翻完"代替"读完"。一个在家里没扫过地，没铺过床，没洗过袜子的孩子，在学校受到了批评，竟然要为自己"维权",难怪学校教育有时会不尽如人意。

"父母是孩子最好的老师,是孩子的第一任老师。"父母眼中的社会,很大程度上就是孩子眼中的社会;父母能够接受和理解的范围,很大程度上就是孩子心胸的宽度和广度。如果父母都成了老师,以老师的思维对待孩子,对待教育,甚至干涉学校的教育,岂不是乱了套?很多时候,家长关注的教育是一个孩子的教育。在一个孩子身上,成者王侯败者寇,成功了就是教育的成功,失败了就是教育的失败,家长就要"维权",这样偏激的"维权"直接影响了自己的孩子,在干涉教育的同时忽视了自己的教育,得不偿失。而在学校和老师方面,总会被这些"维权过度"弄得疲惫不堪,有些学校甚至以"家长虐我千百遍,我待家长如初恋"来表达对家长们的尊重,一味地取悦和迎合家长,让一些家长感受到"维权有功",慢慢地成为学校的"编外领导"或是"编外老师",而自家"后花园"的那朵花其实已经枯萎。这样的悲剧并不少见。

家庭是教育的主阵地,孩子的生活、学习习惯、个人爱好、品德素养无一不是家庭教育的一部分。"让家长真正成为家长",就是要让家长明白,我们为人父母,有一份教育的责任是要在家庭中尽到的。

机会是一种很玄的东西

什么是机会?很多人将其总结为"运道",认为来了挡不住,没来运未到。也有很多人将其理解为"命",认为是你的就是你的,不是你的便不是你的。机会如同很玄的东西,飘荡在每个人的内心深处。

前几日聊天,年轻老师抱怨:"为什么我没有机会?为什么有了机会总不让我上?"我也在思考这个问题,但我始终认为机会应当是浮于身前、眼前的阳光一片,而不该是求之不得的抱怨。有人这样讲"机会":"木应天地因缘感召,得天之气,积阳之温,化地之水,聚土之尘,累积木几,曲直向上,执着生'机',通天会地,修木高尚,至成机会。"无论什么行当,无论如何努力,每个人的得失都在顺应着自然之时,因而常听人抱怨"生不逢时",也常听人欢喜于"时来运转"。这个"时机"听起来很玄,事实上却来自于自然。天和地对每个人都很公平,从来不会因为做错了工作而不给予阳光雨露,也从来不因为抱怨、牢骚而剥夺了人们对土地的使用权。人生来平等,平等地享受着自然赋予的一切。同一个机会,给了别人看似不公,实则也为自己开拓出了另一片天地。所以,我们是否感悟了别人的喜悦?我们是否反省了自己的不足?我们是否看到了未来的机会?凡此种种,均需放眼量之。

草木的生长需要积阳之温,化地之水,聚土之尘,累积木几,人又何尝不是这样呢?积自己的善意、温情,化工作生活之繁杂于条理,聚自身的经验，累自己的工作经历……换句话说，这些都需要有准备和积累。因此，"机会是给有准备的人的"，这话没错，错就错在了人们自己眼高手低。当能量不足的时候，就无法发光发热，若再有一颗跳动不勤的、冷漠的内心，自身便会死寂一片，机会即使敲门，又有何气力去应答呢？因此我常对年轻老师讲，做老师要拥有悲天悯人的心和勤快的手、脑，最重要的是不失时。每天的空闲都用来玩手机、看电影，浪费了时间，哪里来的机会？若想"有机会"，必然要有"积化聚累"四步，否则就只能慢慢走上听天由命的道路了。

至于"通天会地，修木高尚"，那便是走向了追求机会的更高层次了。想一想，在同等的机会、条件下，机会既可以是你的，也可以是别人的。如果你争取到了，竞争对手也觉得欢喜，那我们自当感恩；若对手不欢喜，即使你争得了机会，功成名就，未来的环境或许也会因为对手的不欢喜而改变，最终让你负担累累、压力重重，这样的机会还不如不要。因此，在"通天会地"之后，方才会明白"平等"的意义，也才会开始"修木高尚"。退让一步，失了机会，却可能得到情谊和欢喜。在漫长的生活和工作历程中，他人的情谊和自身的欢喜，或许远比自己的一次上升机会来得重要。因而这"修木高尚"便是教人明白，空间是每个人共有的，你可以遮天蔽日，却不可以让他人停止生长，有时候，机会是要给那些更需要机会的人的。允一些发展空间给别人，让机会天平的另一端充满了情谊和欢喜，这便是高尚。

我只是一个平凡的老师，感念在工作和生活中的很多机会，时常为得到机会而努力，也时常为放弃机会而平和。人的成长莫过于此。留一些空间给别人，便多一些时间给自己。机会虽然很玄，但它总在那里，等待着我们的选择。

己所不欲，勿施于物

在工作中偶然发现过这样的片段：一个学生考试成绩不理想，于是满面通红，气愤不已，把自己考试所用的笔和尺"大卸八块"。还有这样的片段：学生在读一本书，由于读不懂的地方太多，渐渐地开始生气，继而发怒，将整本书撕成碎片。或者孩子们在一起搭积木，因为对一块积木的摆放位置产生分歧，就心存愤怒，将积木摔坏。

这样的片段，在教育、生活中屡见不鲜。我们遇到这样的现象，到底是应该生气还是应该笑脸面对呢？静下心来反思，我们发现，作为成年人，我们经常会满足于孩子们所取得的成就，认为孩子考试成绩好了，我们的教育就成功了。真的是这样吗？实际上，我们对教育的关注点都过于片面，诸如关注成绩、获奖之类，深陷其中而不能自拔，却常常忘记自己在坐井观天。

我们脑海中装着"己所不欲，勿施于人"的道理，却很少真正做到。小时候，我们会有挫败感，成年后，我们却不允许孩子们有挫败感；小时候，我们不愿意去写重复性的作业，成年后，我们却成为这种作业的支持者和执行者。我们没有做好"勿施于人"，更没有做好"勿施于物"。通过那些孩子们的表现，我们发现，现在的教育，更多的是教会孩子如何去追求"没有最好，只有更好"，却总是忽视教会孩子如何去热爱，因此我们才会常常见到流着泪且狂怒的孩子，却很少能见到他们流着泪而微笑的美好画面。

把任何事物甚至是人都当作自己的工具，求之不得的时候，它们便都成了我们发泄和抱怨的对象。究其根源，就在于内心没有热爱，只是冷冰冰地去追求，所以即使得到了，也不过是冷冰冰的成就而已。如果热爱了，任何事物或是人，都会成为重要的朋友，一支圆珠笔，一个包或是一本书都是如此。如果将身边的东西都当作重要的朋友一样认真对待，便会明白"己所不欲，勿施于物"的道理。

"勿施于人"，是仁爱；"勿施于物"，却是热爱。只有从"爱成就"的教育中解放出来，教会孩子们热爱，爱自己，爱别人，爱周遭，爱自然，爱世界，才会熔铸出一颗颗真正完整的爱心。

热爱周遭，珍惜世界，本身就是一种德行。让热爱去覆盖那些欲施于物的冲动，慢慢地，我们会找到快乐。

讲讲礼貌

上课时讲到"礼貌"问题，学生产生了疑问："与中国人相比，为什么西方人看起来那么懂礼貌？什么才是礼貌呢？"

说实话，我也常为此而不解。每讲礼貌，必谈素质；每言素质，必讲文化。事实上，礼貌同文化的关联并不大，文化人中难道就没有说脏话、恶搞、背叛之辈吗？前些日子出现的"高铁占座哥"，难道没有文化吗？有时候，我们很愿意离开钢筋水泥的城市，去乡野田间享受淳朴民风，那里没有文化，却有说不出的愉悦。

我身处教育环境中，深知礼貌修德之重要。记得我初做老师时，课讲不好可以再琢磨，班带不好也可以再学习，唯独要强迫自己与人为善、待人客气。这份强迫来自于我自身的成长，更来自于父母亲人对我的教育。带着这份强迫走过学生时代后，便逐渐开始感恩于它。将它深入骨髓后，更觉得自己有了一种幸福、轻松的感觉。于是勤露笑脸、勤打招呼成为每日必须，至少在有求于人时要显示出自己所有的敬意。

如此成长了二十多年后，我却发现了世道的变化和礼貌的退步。

我同很多同龄老师交流过，大家都欣喜地看到很多"新鲜血液"注入学校。年轻老师们的到来，充实了学校的教育资源。可随着时间的推移，大家却发现了青春的很多特立独行，诸如冷漠，诸如自私，诸如傲慢，诸如孤僻。甚至有很多年轻人放弃了照面后的相视一笑，各自成为我行我素的独行侠，在丢失了基本礼貌之后却又走上讲台去面对学生。

文化高得令人咋舌，礼貌丢得让人"吐槽"。我在不悦之余也不免担心：修养还重要吗？礼貌还有必要吗？我们在课本上见到那些关于"文明"的字眼，还能够言传身教吗？

我们经常看到别人的样子，也会作为一个样子映入别人的眼中。我们常觉得客气话过于婉转，便单刀直入，伤人于无形；我们也常感微笑没有必要，所以冷面以对，与世界隔绝；我们更烦于打招呼的疲累，所以故意地擦肩而过，让自己继续"个性"。这一抹不一样的颜色，真的就能装点这个世界吗？这是无悔个性粉饰下的道德退步。

回到我的课堂。中华文化源远流长，影响极大，但因人口众多，加之个别特殊时期文化传承的阻滞，在"礼貌"方面同西方有所差距。但每个中国人的骨子里都印着"礼貌"的痕迹，只是表现能力不同而已。

把学到的文化外化到个体的行动，就应叫作"礼"。文化越高，越须知礼，这才能顺应自然规律。因此我们常讲"年少不知礼"，因为孩子学的东西少，外化的行动自然也单一，而那些有文化却不知礼的人，则缺少了文化外化的过程。"文化"如果不同"礼"联系起来，那么即使学历再高，也无法提升一个人的素质。

而"貌"便是你的外在行动映入别人眼中的样子。你很难看到自己，但在某个时刻、某个场合必然能够感受到。如同在众目睽睽之下闯红灯并没有很强的自豪感，随地吐痰后也并没有多少优越感。不知礼的鲁莽并没有展现多少个性，那"貌"反而会在别人的眼帘下，被一眨一眨地鄙视着。

下课后，我在办公室写下了几个字："学而知作为礼，做而虑他为貌。"

此为礼貌。

谨于因，慎于果

在《惩罚的艺术》中，我曾经讲过惩罚的最好办法便是宽容，宽容了错误才会有更多的进步，即使在成长过程中再犯错误，那也是成长的收获。

错误是有因果的，错误的对象也不止一个，我们的宽容却时常顾及了果而忽视了因。

教育离不开惩罚，正如人类离不开社会。成年人只有遵守了社会的规则才能幸福地生活，孩子们也应当学会尊重规则，遵守规律。教育的目的之一便是教会孩子们遵守规则。"不逾矩"是《论语》告诉我们的，一个人从"而立"到"不惑"再到"知天命"和"耳顺"，用七十年的生命时间学会"不逾矩"，正是说明我们需要学会遵守规则。惩罚的目的不一定是为了纠正错误，而是为了让孩子们明白规矩的存在。宽容的目的不一定是要原谅错误，而是让孩子们懂得遵守规矩，这样我们才能幸福地学习和生活。惩罚和宽容是相辅相成的。

近日看到贵州的一位老师用种种体罚的手段将学生掐在地上的新闻，很多媒体和网友对此行为进行谴责和批评，认为这位老师的做法令人发指，应该停职查办甚至得到更重的惩罚。每每读到这样的新闻，我总会想到自己的教育过往。那时候我也有很多源自冲动的惩罚行为，现在想来，没有被揭发和曝光实属幸运，否则我的为师之路早该停下了脚步。但细想来，那些冲动的结果背后都有一个"学生不遵守规则"的原因。有时候令人发指的惩罚背后，会有一个更加令人发指的原因。

再看这位贵州老师的新闻，真的发现了后续报道。原来这几位学生除了旷课，还酗酒打架，恃强凌弱，面对老师的批评，嚣张到了扭头便走的境地。谁能容忍这样不守规则的行为？于是老师冲动了，惩罚发生了，而我们只顾及了体罚学生的结果，大加批评和谴责，却完全忽视了造成这种结果的原因。这是我们面对教育时心态的扭曲和态度的凉薄。

世间任何人、事都有因果。然而在这纷繁复杂的社会中，我们常常只看到了结果的美好或丑陋，定义与结论也总是依据结果而判定。可是没有了因，又哪里来的果呢？

还听说过一件事：某家长因为班主任掌掴了孩子，便粗暴地打倒了班主任，待到调查出原因，方才知道是自己的孩子在校园中用水果刀伤了人。冲动地对待了结果，便失去了谨慎地分析原因的机会。生活中的我们也常会犯这样的错误。比如排队买票时被人撞了一下，便怒不可遏地争吵，殊不知那人身有残疾，行走困难。待到再想扶助，却也只剩下对方的横眉冷对了。

面对错误，应该有惩罚，更应该有宽容，但我们要谨慎地对待结果，冷静地分析原因。"和谐"二字应当是两方面的，否则这惩罚便"倾斜"了。

谨慎地对待因果，才是惩罚真正的前提。

尽人事，先尽责

很多年前，我就听过家长因为对老师布置的作业不满而发的牢骚："作业太多了就别写了。我给老师打电话。都在喊减负，孩子都快累死了！"时至今日，我也会偶尔听到这样的事。"老师不懂新教育吗？""什么年代了，作业怎么那么多？""作业多了就别写了！"有些家长甚至在朋友圈晒出孩子"遭遇"作业时的种种"苦难"，得到声援一片。

我常常思考这些问题。在古代，学生的作业被称为"功课"，除了背诵四书五经，还有劳动之功课，修身之功课，陶冶之功课。这些功课放到今天，不可谓不少。但古时之人总会以此为荣，并带着一份崇敬和责任感去修好自己的功课。这份沉甸甸的功课，被称为"尽人事"；功课之上的考取功名，被称为"听天命"。带着崇敬和责任感去尽人事，带着平静和随和去听天命，古人的教育的确高明。

现在的很多家长，心都不稳，随着世风的浮躁而左右摇摆，很容易成为自己孩子成长道路上的坏榜样。就作业而言，我们不能否认个别学科作业的不合理，但可以肯定地说，大多数老师布置作业是有计划、有目的的行为。作业，除了学业上的功能和作用，还考察着学生对待学业的一份责任和担当，以及家长对孩子的一份责任和担当。我也仔细分析过自己带过的所有的班，发现那些认为作业可以不写的家长，他们孩子的成绩基本上都在下游，家长自身也挣扎在养家糊口的边缘。可以理解的是这种现状，而不能够理解的却是一份责任心的缺失。作业多了就不做了，难了就不做了，面对问题时便不假思索地放弃了。没有这份责任心，生意做不大，学业更做不好，当这样的行为养成习惯的时候，就是可怕的种子萌芽的时刻。没有了责任心，做什么事情都是随意的，有了问题牢骚满腹，牢骚过后依然故我。"生于忧患，死于安乐"，我们在忘记祖训，在不思进取的同时，还学会了牢骚、抱怨。

责任和担当的对立面，就是负能量效应。对于成长中的孩子来说，这一次有人担责，可以不写作业，下一次照样也可以。久而久之，自身的责任心就被抛到九霄云外，长大后又如何面对工作、面对家庭？可以这样说，没有责任心的人是不幸福的人。当"不负责任"的"病毒"开始蔓延的时候，也就是我们的事业退步的时候。作业就是孩子功课的一部分，也是"尽人事"的一部分，不教会孩子去尽人事，最终的结果就是培养出了不负责任、不思进取、只会听天命的孩子。这样的未经人事便听天命，是对生命本身的不负责。

人在能力方面有高下，在责任心面前却是平等的。带着一份责任心去学习、工作和生活，我们是有压力的，但是生命的魅力就在于压力之下那些蓬勃的活力和动力。这就是为什么我们总会观察岩石下面那些不屈的小苗，当它们拱出地面的时候，我们慨叹生命的顽强，在挫折面前是如此不屈不挠。是啊，小苗拱出地面，是在尽它的"人事"，而之后的风吹雨打，就是它的"天命"。比之孩子的教育，我们要反思的还有很多。

在这些"人事"中，我们都需保有一份责任感，竭尽所能地去做事，才能无悔地成长。

拒绝文化禽兽

没文化真可怕，但有些时候，有了文化更可怕。

一座校园或是一个班级，只有"学"之风而没有"养"之风，培养出来的未必就是人才。那些有文化却没有修养的人，我称其为"文化禽兽"。

"学养"二字，知易行难。真正的文化，既包括了学习让人进步的部分，也包括了修养让人高尚的部分，缺了哪一部分，都不能被称作"文化"。更多的时候，我们沉浸在追逐文凭的过程中，并没有受到多少文化的熏陶。美国有一位中学校长，曾是二战时期纳粹集中营的幸存者。每当一位新老师来校任教，他就会交给老师一封信。信中这样说："亲爱的老师，我亲眼看到人类不应该见到的情景：毒气室由学有专长的工程师建造；儿童被学识渊博的医生毒死；幼儿被训练有素的护士杀死。看到这一切，我怀疑：教育究竟是为了什么？我的请求是：请你帮助学生成长为有人性的人。只有使我们的孩子具有人性，读、写、算的能力才有价值。"

这封读来令人振聋发聩的信，撼人之处就在于提出了教育的根本问题：我们教育的终极目的到底是什么？是学到了更多的知识，还是成为一个真正的人？记得我在一次讲座中讲到《道德经》中的"为道日损，为学日益"，有老师问我："'为学日益'好理解，为什么要'为道日损'？"道理很简单，就是要告诉大家，学得越多，要放下的东西就越多，诸如名誉、利益等，去返璞归真，做真正的人。学得越多，越应该明白事理，越应该摒弃自身的不良，去回归人性。可是现在的事实并非如此。我们常常夸耀自己的学问，却从来不为自己可怜的修养而愧疚半分。于是很多的学问非但没有促人进步，反而成为可怕的阻碍。正如这位美国校长信中所言："有时学识越渊博，对人类的危害就越大。"

有这样一则报道，六岁女孩贝儿冲着幼儿园老师和刚跟她发生过争吵的小朋友歇斯底里地大喊："我要杀死你，然后让你下地狱！"事后，幼儿园老师与贝儿的妈妈交流，贝儿妈却镇定地反问老师："她说这话怎么了？这个世界本来就是强者生存的，不行就会被淘汰，我女儿是不是班里认字最多的？是不是班里最聪明的？"贝儿来自高知家庭，妈妈博士毕业，爸爸则是软件开发方面的高手。六岁的孩子讲出如此恶毒的话尚可当作童言对待，但是孩子母亲的一番强词却令人难以接受。"孩子聪明""识字最多"就是强者吗？恶毒起来就理所当然吗？更令人不可接受的是，为恶毒助纣的母亲竟是一位博士。光学不养，这样教育出来的孩子真的好吗？

"鸟无翅不飞，人无德不立。"司马光在《资治通鉴》里曾写道"才德全尽谓之圣人，才德兼亡谓之愚人，德胜才谓之君子，才胜德谓之小人"。如果一个人没有了道德观念，上不孝老人，中不亲师友，下不爱幼子，纵然学识再博、再深，也对社会无益。很多时候，我们可以在新闻报道中看到一些文凭、学问极高的人将罪恶泼洒向陌生人甚至是自己的家人，他们就是这样带着自己所谓的"文化"一步步地成了"禽兽"。一个人若无知，杀人时可能会赤裸裸地举刀，人们还可以提前避让。可是，因为有了知识，他们便会将杀人的屠刀隐匿在笑脸之后，利用人们对他们知识的信任，让受害者全然失去戒备。所以，学习可以让人进步，但没有了修养，渊博的知识就会变成作恶的工具。

所谓教育，不应当是混沌不清的。我们要拒绝"文化禽兽"。学，是我们的做法；养，才是我们的活法。

聊聊公平

眼看期末考试要来了。课间同学生聊天，孩子们问起了"公平"二字："老师，考场分配公平吗？""老师，试卷命题公平吗？""老师，监考安排公平吗？""老师，阅卷公平吗？"原来这诸多的问题一直存在于孩子们的内心。

当一个人具备了独立思考能力的时候，"公平"二字对内心的拷问便会贯穿一生。当一个人偏颇地看待"公平"的时候，善良和邪恶的权衡便会伴随一生。

我无法用自己的思考去回答学生。其实天地间本无公平，有了人和能感受周遭的心，才有了"公平"二字。它如同一把尺子，在我们的工作和生活间不断地衡量着。比如黄河流经了中国的北方，对于南方而言便没有了公平；又如太阳在北半球为我们带来夏花灿烂，对于南半球而言也没有了公平；东北的黑土地与我们的黄土高原也没有公平可言。一切的公平，全在于我们对这个世界的看法。因此，心很重要。胸怀广大得能够接受一切，便有了公平；心胸狭小得难容周围，便没有了公平。

记得在我的学生时代，老师对待班里同学的态度是不同的。我曾因不交语文作业而被班主任老师痛打若干棒，而另一位同学却得到了态度温和的说服教育，因为他的父亲是一位领导。我从未因自己父亲的平凡而遗憾过，却因为这样的事情而痛恨过班主任老师，与那位同学也渐行渐远。多年后得知，那位老师早已经被开除，在另外一个小城市挣扎度日，于是心中略为平复，也对当年的区别对待释然了许多。其实这便是公平。世间万象，此起彼伏，高低错落，总会到来。

事实上，我们生活的世界中，很多的矛盾对立都源于对"公平"二字的理解。黑与白皆为眼所见后产生的心中判断，有些人视黑为黑，有些人视黑为白。幸福也是如此，当心的高度上升了，幸福便容易涌进；当心的高度下降了，人们便苦求幸福而不得。乞丐得到了一份免费的午餐，高兴得大嚼大咽，认为那是社会对他的眷顾，是一种幸福。我们吃着自己的餐食，却时常挑三拣四，总认为不如人家的山珍海味，毫无幸福可言。抱怨"公平"的心，总是行走在比对的路上。当我们羡慕别人的时候，心中已经泛起了不公平。

我们需要"做自己"。这并不是要求外表样貌上的与众不同，而在于心中对公平的悦纳，继而生发出自己本来的样子。这复杂的人生，只有不断成长，不断均衡，拥有强大的内心，才会真正打开公平的大门。

最后我回答学生："我们只有在规则中的基本公平，并要求大家都能够遵守，这是文明的一部分。想做文明人，遵守规则是首当其冲的。其次再去提高自己的本领，强大自己的内心。本领高强、心胸宽广了，公平也便从模糊到清晰了。"

但这始终不是我想的那份答案。

没有，也是一种快乐

孩子担任了班干部，负责违纪记录。某天她回家告诉我："老爸，我今天因为纪律问题，记了一些同学的名字。"我迅速地搜索自己脑海中关于"记名"的记忆，而后告诉她："记名是一种手段，却不是目的。有了名字，是你的工作结果，但对于那个被记名的孩子而言，便成为一种负担。由于年纪小，这种负担极有可能成为抱怨和愤恨，这对于改正错误没有任何帮助。有时候，没有名字才是一种真正的教育。没有，也是一种快乐！"

孩子不解，我便继续解释这个问题："人的很多错误，只是在相对的时间、相对的年龄里是错误。当时间流过再回头望，很多错误便都成了风轻云淡。惩罚错误，目的是让人在心底生起愧疚和改错之心，如果能为了这个目的而淡化一些惩罚形式，便是一种美好。如果原谅和宽容也可以达到这个目的，为什么不去用呢？"看着孩子若有所思地点头，我明白，或许她的年龄还不足以让她懂得这些，但我会不断地告诉她，能够多给人以改错的机会，既会辅助别人的成长，也是自己的成长。这并不是阴谋论，而是阳光理念。

张爱玲曾经说过："生命来来往往，我们以为很牢靠的事情，在无常中可能一瞬间就永远消逝了。有些心愿一旦错过，可能就万劫不复，永不再来。什么才是真正拥有？一念既起，拼尽心力当下完成，那一刻，才算是真正实在的拥有。"恰如张爱玲所讲，那一瞬间的错误，如果消失了，自然是快乐；那生起的一念，如果是美好，拼搏努力之后，便成为拥有。把拥有融化在生命历程中，自然也是快乐。无论失去还是拥有，只要在生命中完成了该有的过程，收获了该有的意义，这才是真的快乐。谁能说花开就是有？谁又能说花落就是没有？无论你在意与否，花自盛放与凋谢。去留无意，欢喜自来。

大多数的时候，我们总会为"年少"冠以"懵懂无知"的帽子。既然无知，就会犯错，然而犯错之后，重要的却并不是记载，而是给予改错的机会，将"有"化作"没有"。于是我告诉孩子，下次遇到同学们违纪的情况，先对比一下自己，如果自己也曾犯过相同的错误，就一定不要先去记录犯错者的名字，而是要给予他们改正的机会，给予他们关爱与监督，一次不行就给两次机会，两次不行就给三次机会。精诚所至，金石为开，将错误消弭于关爱和监督之中，过程或许很辛苦，但也是对心的锻炼。只有将心锻炼好了，才能将心比心。

日本的精神治愈大师石井裕之在其作品《冷读术》中讲道："每个人的世界都有一个天使和一个魔鬼，我们无法一直去做天使，也无法一直做魔鬼。我们要做的，是在大多数的时间里，呵护自己的天使，抚慰自己的魔鬼。"这是很深刻的道理。世界上最昂贵的东西是被我们视作为"没有"的东西，诸如阳光、空气，甚至亲情和自由，那才是我们快乐的根源，一旦失去，无论拥有什么都是枉然。

因此，面对人生中的困难和挫折，面对别人的错误和伤害时，若真起一念，那就让它们在我们的努力拼搏和温柔以对中化解成"没有"吧。真的无忧无虑，都是化解所得。

那才是快乐。

美丽的六角形结晶

这是一个老师讲的故事,她非常喜欢这个关于水的六角形结晶的故事。

面对两杯清澈的水,实验者用不同的态度、不同的语言,每天对它们讲很多次话,用和蔼的态度赞扬一杯水,用不好的态度谴责另一杯水。三天过后,将两杯水进行结晶处理,发现被谴责的水得到了形态怪异的结晶,而被赞扬的水却出现了美丽的六角形结晶。

学生如水,有的波澜不惊却静水流深,有的波涛汹涌却难奔大海。我们每天面对各种各样的"水",做着教育的事儿,而那些"水"的结晶,或许就是一个学生的人生图案。细想来,把我们称作"老师"的学生当中,有多少在以后的人生中真正结晶出了美丽的六角形?又有多少"水"没有结晶出美丽的图案呢?

全在态度。

我们常给学生讲"态度决定成败",教育的态度决定了学生未来是否会形成美丽的"六角形结晶",所以赏识和鼓励一个人是重要的。在正确的行为和事情中去赏识和鼓励很普通,难得的是在错误的行为和事情中发现闪光和可取之处,并去赏识和鼓励,更难得的是坚持这种方法。

学生因为给生病的妈妈做饭而迟到了,我们赏识其孝行,让迟到变成美好;学生因为不会做题而空了作业,我们赏识其诚实,让空白变得有尊严;学生为了保护同学而打架了,我们赏识其勇毅,让粗鲁变成自省。只要抱着一颗赏识的心，我们会发现很多问题其实都是美好，很多烦恼其实都是自找。每一次赏识都是我们经验的积累和阅历的丰富，让老师在赏识中变得宽容、善良、睿智、从容，也让老师从赏识中发现了工作的乐趣。

教育是一个漫长的过程。我们批评懵懂无知的孩子，批评那些不求上进的学生，却也总会在多年后无意中发现他们的出息之处。从这个意义上来说，"没有不会教的老师"这句话没错，每个老师都会教，也都想教好，只不过我们总是以三年的时间为限度，进行了不合理的评价。

教育没有失败，只是错过了光阴。光阴中的深情，足以打动年轻的心。学生如水，而老师的善良和宽容更如水。不必奢求三年后那美丽的六角形结晶，或许那片美丽的结晶，就在孩子人生旅途中的某一个驿站等待着。重要的是，我们自己这片水能否结出美丽的六角形结晶。这就要求我们赏识自我，用宽容与善良去取代那些抱怨和牢骚，用睿智的眼光去发现教育中的美好。

一位教师，能从每天繁忙的工作中找到自己的闪光之处并且赏识自己，应该是快乐的。带着这份快乐去赏识学生，就会让美丽的六角形结晶连成片，成为美丽的花园。

那不是芥末，是恶根

在新闻上看到，上海某幼儿园的一位老师用给孩子喂芥末的行为虐待孩子，心中涌起阵阵难过。幸亏现在的各种教育机构都有了监控，可以代替我们监督教育行为，否则中国人"举头三尺有神明"的内心底线就会被很多人糟蹋殆尽。

做事情，尤其是做教育，是要有规矩的。除了外在的诸多规章制度，一个教育工作者的内心底线尤为重要，这也就是为什么我们常讲做老师是在做"良心活儿"。成为教师，自然就走上了一条并不平坦的历练之路。为了那个讲台和那间教室，为了对得起那份尊重和敬爱，我们在自我成长和发展的路上不断地修正、完善和提升自己。孩子和家长们给老师写信，往往都会用"敬爱的老师"作为开头，不管现实有多么残酷，每个人心中都是尊重老师的。于是老师带着这些尊敬走进了教室，站上了讲台。

孟子讲"幼吾幼以及人之幼"，这需要博大的胸怀和高尚的内心才能做到。对于一些老师而言，即使无法做到，至少不会"伤人之幼"。至于给孩子们口中喂芥末的老师，抛开"老师"的身份不言，单从人的角度讲，已经越底线太远。那喂到孩子们口中的芥末，其实是老师心中的恶根，而老师的行为也与人性背道而驰。于是家长愤怒了，社会愤怒了，于是老师下跪求情了。且不说"何必当初"，这本该给祖先、父母的一跪，实在是羞辱了自己的内心，而求得原谅的目的只是为了能够继续这份被看作"营生"的工作，对于去除心中的恶根而言毫无用处。看到这位老师下跪求情的视频，我没有调动起心中任何的怜悯之情，因为有了恶根就会收获恶果，这是天经地义的。或许她的名字会被我们从人性的字典中划去，但是划不去的，是她犯下的罪恶。

凡人皆在受教育，教育未必进学堂。即使是最朴实的农民，也在受着天地的教育，在天地之间一路修养，将自己的恶根点滴化作善念。遗憾的是，在面对无力反抗的幼小孩童时，这位本该充满爱意的老师却做出了如此之事，丧失了本该有的悲天悯人之情，导致恶果到来，实在不值得同情。

事后，幼儿园向外界澄清说这位老师实为"阿姨"，更是荒唐至极。孩子从进入校园便有了一个概念，无论是老师还是生辅、教辅人员，孩子们都会尊称一声"老师"。既然带了这份名，就该承担教育之责，只要在校园里，每个人都应该去修养自己，栽种善果，让阳光与爱意洒满校园。

实在不忍再看一遍那"喂食芥末"的视频。我也是家有幼子之人，想起孩子在幼儿园的生活，心中也不免隐忧四起。教育家陶行知赠予孩子们四块糖，用糖的甜蜜来改正孩子的错误，而今，却被这位老师残忍地变成了芥末。

凡是品尝过芥末的人都深知其味，呛鼻辣嗓。再去想想那些幼小的孩子们口中之味，心中之味，便更加感受到恶根的可怕。这哪里是芥末？分明就是作恶的种子。

逆反

在汉语中,"逆"和"反"本是同义词。从中国古代历史来看,几千年的封建王朝,君臣思想、君民思想根深蒂固,无论是思想还是行为,逆之就是反之,揭竿而起的造反更是大逆不道了。因此,许多盛世的形成,除了明君良臣之外,很重要的一个因素就是民不逆反,谓之民安。那个年代的老百姓是有敬畏心的,不让做的事是绝不会去做的,诸如辱师、辱残、不孝等,在封建时代皆被称为"大逆不道",老百姓不愿背"逆反"之名,自然社会单纯,秩序良好。

时至今日,社会进步了,但精神层次上的进步却远远落后于物质层面上的进步。"穷欢乐"的人少了,安贫乐道的人少了,更多的人忙于奔跑在追求物质利益的路上。加之思想解放了,言论自由了,反而显得人民的素质低下了,"逆反"也不是罪过了,于是敬畏之心便灰飞烟灭了。就拿吸烟现象来说,林则徐禁烟时的决心和力度以及民众对禁烟的敬畏,是今日所不可比的。再看今日之禁烟,公共场所的禁烟标识比比皆是,但明目张胆吸烟的人却无所畏惧。

随着物质生活质量的提升,吃饱穿暖的人多了,敬畏之心却少了,把逆反当作个性,把浮躁当作秩序,甚至把底线无限制地下延。于是,社会标识便成为展示个性的"靶子",凡有标识的地方,必有反其道而行之的行为:"严禁浪费"下的大肆浪费,"严禁停车"旁的自由停车,还有"安静"标识下的大声喧哗……不以为耻反以为荣，是个性在进步还是社会在退步？甚至在校园里也存在着"逆反"。毁坏公物、扰乱秩序的学生，依然振振有词；出口成"脏"、出言不逊的学生依然很有面子。逆了礼数，反了德行，这并不是偶然，也不是岁数使然，实乃社会所致。

有一种朋友关系叫"莫逆"，就是相互不抵触、不逆反，关系才能融洽。这正说明国人很重视"逆反"二字。遗憾的是，精神上重视了，行动却跟不上，导致了很多问题的滋生。在教育中，我们常常错误地理解"个性"。重视个性发展没有错，但有些个性对人的成长和发展并没有好处，如不加以控制就成了逆反。看看现在学生身上的校服，整整齐齐的，不攀比，不炫富，这初衷就是想让学生有个学生样子。可仔细观察大街上来来往往的学生，很多都在校服上描绘了"个性"，甚至私自改造成了时髦的款式。辛辛苦苦考进了一所学校，却对学校的管理和教育没有敬畏之心，这样的学生能发展好吗？可怕的是，很多家长和老师却忽视了这些细节，不管或是懒得去管，一面讲传统，一面丢传统，这是教育的逆反。

从古到今，无论是社会秩序还是公民道德，都在同"逆反"二字做着斗争。真希望这样的斗争能够摒弃利益，从细节抓起，让个性真正成为人发展的动力。

疲累的"一把抓"

我经常在教育孩子的时候反思。

儿女日渐长大，很多曾经为他们做起来觉得快乐的事，现在都变成了负担。小时候给他们换衣、穿鞋，温馨的画面仍在脑海，却在转眼间有了矛盾和冲突。忽然发现为他们准备的衣服并非他们想要的，忽然发现辛苦准备了饭食，他们却并不领情，我兴奋地喊着"吃饭"，却在一次次"马上，马上"的回复中逐渐失去了耐心。曾经的"爸妈辛苦了，请喝一杯茶"，变成了现在的安静与沉默。这是成长的过程，却也让我苦恼万分。

不得解时，工作又袭来。因为担心学生打扫卫生不彻底，于是我亲拿笤帚代为清扫，孩子们站在旁边尴尬地看着；担心学生擦不干净黑板，于是我在课间奔进教室监督；担心学生管不好多媒体设备，于是我亲自下载软件，满头大汗地去安装。

我有太多的担心，身影便无处不在。

疲累结束一天的工作后，回家面对的仍是担心，这一大把"担心"似乎是无穷尽的。可悲的是，虽然家中的吃穿用度已然面面俱到了，孩子却时常抱怨。教室里的卫生越来越糟糕了，学生们似乎适应了尴尬地站着，变得越来越懒了。管事的人也越来越少了。当聚光灯照在我身上时，我疲惫的眼中满是沮丧和懊恼。

我终于意识到了自己的问题。我时常会做些德育计划，安排几项政教活动，可是当我信心满满地准备开始时，却发现领导另有计划和安排。我望着自己那些作废了的努力，苦笑之后却有了这样的心态：既然有人做，我又何必积极呢？不如等待。于是，我如同那些尴尬的学生一样，想伸手却又不知如何伸手地等待着事情的结果。这时，我吃惊地发现，让我无奈与苦笑的事情与我管理班级的做法如出一辙。"牢骚的背后是牢骚，无奈的背后是无奈，绝望的背后是绝望"，这话说得一点儿也没错。

世界是每个人的世界，花园是不同色彩的集结，唯有走出自我，才能遇见美丽。这反思的过程虽苦，却也在一定程度上充实了自我。我的那些"一把抓"充满了不信任和不尊重，不信任他人有做好工作的能力，不尊重他人渴望绽放的个性，亲力亲为地做了一切，便也打击了一切。疲累仅仅是开端，更大的风暴却埋伏在未来。每次想到这些，我都不由得渗出冷汗。如果再不改变，那些曾经的疲累将会变得没有价值。

改变很简单——有监督计划地放手。

一个月后，我看到了很多未曾想过的景象——卫生委员有了卫生计划和安排；班长有了值周计划和安排；擦黑板的同学、管理多媒体的同学各司其职，班级开始出乎意料地整齐和团结起来。当我把手放开，将那些"不放心"的事务"下放"给班集体时，孩子们才开始感受到"被尊重"，这个集体也才真正成为他们的集体。每每看到这些欣欣向荣的景象，我都会在心里默默地向学生们致敬。

"放手"给了孩子们争取自信和尊重的机会，让他们获得了成长过程中最需要的锻炼。而我在大量反思后，也将自己"亲力亲为者"的角色转换成为"监督员"，在转转、走走、聊聊、笑笑间，发现了班级和学生的诸多美好，乐趣便也随之而来。

世界上没有什么东西是真正能抓住的，却有很多东西要学会放手。那一把抓来的东西，并不是成长与进步，只是疲累的羁绊。

泪水与善良

善良并不是一个话题，而是在人的生命历程中流露出来的一种本性。

每个人有两种魔法与生俱来，一种是善良，另一种便是丑恶。将善良施与好人未必会得善，将丑恶施与坏人也未必会得恶，怕的就是在错误的时间和地点，将魔法施与了错误的人。

读了严歌苓的《芳华》，也看了同名电影，很为小说中刘峰的善良而唏嘘。刘峰的善良是面对一切人和事的，是能够覆盖个人私欲和情感的，他愿意去做最小、最脏的活儿给别人带来方便，也愿意去帮助最平凡、最底层的人以传递温暖。这种博大的善良，是人性的光辉所在，但它所照射的每一个人，除了感受到了温暖，却也留下了阴影。很多人神化了这份善良，将刘峰视作菩萨。菩萨是什么？菩萨是度人的人。当别人的善良在自己眼中变得理所当然时，人们就会忘记这位善良的施与者也是一个血肉之躯，忘记了他的诉求，忘记了他的想法和欲望。于是当刘峰作为一个人去表达自己的爱情时，便成为反动代表，成为众人唾而骂之的对象。刘峰种下的善因并没有收到善果，只能在光阴的河中被洗刷成无奈的叹息。

当善良没有了底线，便很难氤氲出纯洁的心了。

我也有过这样的经历。在我还是单身毛头小伙子的时候，有一年的12月24日傍晚，几位学生被小混混堵在了放学路上。有学生跑到宿舍告知我，我没有顾得上吃晚饭，便急忙戴了一顶黑帽子出了门，在冬天无人的街道上同小混混们扭打在了一起，直到巡警把我和小混混们一同带到了警察局。学生们都平安地回家度过了平安夜，我却因为无人作证而在警察局中被训斥了一夜。第二天清晨，我被放了出来，在听到小混混威胁我的恶毒语言时，我感受到了巨大的无助、愤怒和委屈。我拖着酸痛的身体走进教室，望见那几个安全度过平安夜的孩子，泪水在眼眶里打转，却始终没有掉落。那是我在"老师"这一职业中第一次感受到善良的无助。而面对十几岁的孩子，又如何讲得清人性？此后我也遇到过学生被劫道的事件，我的第一选择是让他们去寻求警察的帮助，因为我渐渐明白了责任的范围，也看清了善良的界线，因为我这微小的力量无法负担太多苦痛，我也不愿再自伤。

时间虽然过去了很久，我依然无法释怀，如果接受施与变得理所当然，善良便失去了善良的意义。

《芳华》中，唯一能够理解并体会刘峰的便是何小曼。这个成长于不幸的家庭，在充满偏见和唾弃的环境中度过自己美好年华的人，是唯一珍惜善良的人。在成长过程中，她因为苦难而恶念丛生，拆掉母亲的红色毛衣，用凉水将自己浇病，甚至在文工团里装病造假。这些苦难无一例外地汇聚到了"尊严"二字上。作为女儿，她没有尊严；作为演员，她没有尊严；作为护士，她也没有尊严。只有刘峰的善良深深地打动并鼓舞着她。也许苦难和善良是天造地设的一对，如同阴和阳一样互相映衬，这样苦难才会有价值，善良也才会闪光辉。

原来，帮助该帮助的人，善待该善待的人，才是善良。如同你把一块巧克力放在一位丰衣足食的孩子面前，他或许会鄙视你的赠予；当你把同样的巧克力放到一位穷苦孩子面前，他或许会为此而感动一生。

合上《芳华》时，我甚至来不及擦去泪水。善良并不需要掌声和鲜花，却需要内心的感动。

情绪就是世界

一花一世界,一叶一菩提。于人而言,就是看花和赏叶的心情。

有这样一个故事:老渔人看儿子钓鱼,坐于山水之间。突然,一条大鱼咬钩,儿子费尽九牛二虎之力,大鱼最终还是跑了。于是儿子弃竿于一旁,兀自生气,看花不是花,看水不是水,折腾了一番,仍旧不悦。老渔夫走过来对儿子说:"鱼跑了,是归于山水之间,尽享其乐。你未得鱼,皆因鱼本不属于你。放下那份期望,闭上眼睛,思想鱼儿畅游之欢。你失去了鱼,鱼儿却得到了乐,岂不快哉?"儿子闭眼良久,待再睁眼,却发现山绿水碧,鱼群畅游,于是豁然开朗。这个故事很有禅意,但更多的意义在于如何控制自己的情绪去面对眼前的世界。

在社会中,利益的分配不那么平等,犹如大鱼环游身边,有些可得,有些难得。可得之鱼,自当珍惜备至;不可得者,便不必追求,任其自享其乐。这是简单的道理。但遇到希望变作失望的时候,人却大多控制不住自己的情绪。做不得,求不得,只好多言,于是祸患也就有了开端。很多情绪都是从言语上激发的,用语言的犀利来弥补内心的不平,于是坏情绪便如阴霾难散。良言一句三冬暖,恶语伤人六月寒,坏情绪造成的影响可谓不小。

看过一篇文章,题目叫作《蹲下来同孩子聊天》,讲的是平等对人和寻找内心世界的交集。有了交集,语言就变成了良言;没有了交集,良言也会变成恶语。遗憾的是,在对待孩子的时候,很少有人能够做到平等与平和。

我们太急于得到期望中的结果，我们也太急于让孩子做我们想让他们做的事情，说我们想让他们说的话。于是我们的语言就变得如刀般锋利，甚至开始吼叫，将负面情绪充斥了自己的世界，也装满了孩子们的世界。教育中所谓的"静待花开"，其实就是用平和的态度耐心地寻找与孩子们的交集，用一棵树去摇动另一棵树，用一朵云去推动另一朵云，用一个灵魂去唤醒另一个灵魂。

有一位妈妈，因为孩子没有及时回答自己的问题，便失去了耐心，开始责备孩子。在发现孩子依然沉默后，便开始了谩骂，情绪指针指向负数。孩子哭着解释，妈妈却认为孩子在顶嘴。一夜过去，孩子肿了眼眶，妈妈疲惫不堪。

我还读过俞敏洪的文章《牵一只蜗牛去散步》，文章中的蜗牛，就是孩子的世界。当大人控制了自己的情绪，平和地对待孩子的成长，便容易走进孩子的世界，体味"牵蜗牛散步"的快乐。

温情的语言往往能够收获平和的情绪，平和的情绪往往能够让我们在别人内心世界里走得更远。生活如此，教育更如此。

天上乌云密布，眼见一场雨来。抬头望天，我们抱怨着突如其来的坏天气。但当我们低头，望见渴望雨露的小草、花木的时候，内心的温柔便油然而生。此时此刻，天上的世界和地上的世界不同，而情绪，就是我们的世界。

让新意生发

初看到"新意"这两个字,是在诊断考试的语文命题作文中,它我想到了我的生活。生发新意的时刻少之又少,平淡中能有些暖意已是求之不得。

看了那么多充满新意的教育理论,在自己的土壤上却一天天地重复着平凡。每每有新意冒头,却又倏忽即逝,想掏出笔来记,却已经什么都想不起来了。如同四季,春有绿叶夏有花,秋有稻麦冬有雪,轮转循环,一如往常。若真有了些新意,那一定是乱了套的,这是自然规律。我们年少轻狂,中年沉稳,老而弥坚,在这样的规律中,新意不多,平平淡淡方才是真。

真正生发新意的,是精神,却也不易。

学生早已不是从前的书生,凿壁借光、悬梁刺股的事情早已不见。如今的学生,想读书时伸手即得,却常常淹没在诸多的书中。古人讲"半部论语治天下",从一本书中生出了无穷多的新意,将书视为宝藏去不断探求。而如今,读书却成了翻书,翻毕则束之高阁,将书视为"有文化"的炫耀,与书却仅有一面之缘。走进书店,"日韩鬼幻"扑面袭来,使很多学生成为"粉丝",认为书中的内容便是新意。但是有些"新意"实为不良思想,不断地影响着学生。现在学生的很多个性,其实都是从书中学来的,而现在的成年人也都开始终端微阅读,不勾不划,读之无痕,方便了生活却干涸了思想。

曾经有过这样的故事:一个孩子每天静静地观察一条毛毛虫,直到它变作美丽的蝴蝶。孩子面对如此神奇的生命变化，写下了很多观察日记。但是走上大街，看行人的脚步，车流的奔涌，在这样的节奏下，读书不静，生活不安。正如歌手郝云唱道："春眠不觉晓，处处问题不少，我的生活越来越浮躁，没有时间弹琴看书，没有时间享受孤独。"我们在喧嚣之中又何来新意？

真正的新意来自于静。生物发酵要静，才有新的细菌诞生；植物生长要静，才有抽枝拔节；而人的成长更要静，只有静观，脑海才会涌动，是为思考。也只有思考，才会有新意的产生。

如果外在的世界不安静，那么只能让内心安静。去认真地翻一本书吧，让它如老朋友一样与我们每天见面，互诉衷肠；去看一朵花吧，让它的美在我们内心深处漾起涟漪，美了世界，也美了脑海；去陪着一个孩子成长吧，让他学会思考，让属于他的东西慢慢变成他的，让他成长的每一个画面充盈着我们的头脑；抛开那些利益是非，找个安静的时间去思考我们的每时每刻吧，让我们的每个清晨和黄昏都变得有意义。

生活中的新意无处不在，有新意的头脑却少之又少。如果失去了安静，我们就会妄谈思考；如果失去了思考，我们就会妄谈新意。我们应该一点点学着让新意生发。

如果，你遇到了一个让你失望的孩子

当孩子们降临到人世间时，我们总是带着喜悦迎接。如同这世间林林总总的花木一般，我们望着那些幼苗欣喜着，为他们成长中的点滴而快乐着。在孩子身上，我们望见了自己的希望；在孩子身上，我们寄托了梦想；在孩子身上，我们甚至会投入自己的全部。于是，为了让这些美好在孩子们的身上延续，我们有了标准，并且一再抬高；我们有了规矩，并且一再拘束。我们以这样的标准和规矩作为快乐和幸福的标准，痴心梦想着那些难以企及的幸福。可是世事无常，教育亦如此，每一天都会发生变化。当所有的意想不到集中在一起时，我们或许会对孩子失望。

如果，你遇到了一个让你失望的孩子，他常常充满豪情地保证学业会进步，用真情去立下远大的志向，用华丽的语言来表达自己的雄心，但当华丽散尽，你却发现他依然在书桌前发呆，学业也依然停滞。一面是崇高的精神，一面却是懒惰的敷衍。你不理解，想尽一切办法改变，然而当所有能够想到的方法都尝试过后，失望写在了脸上，甚至连生活都褪去了暖色。

如果你遇到了一个让你失望的孩子，他心浮气躁，在成长中并没有更加彬彬有礼，反而变得无以复加的暴躁。不再有童真写在脸上，更多的是对你的烦躁，对家庭的厌倦。你不敢多说，因为稍不留意就会点燃那根引线。望着狂躁的孩子，你早已流不出泪水，只好一次又一次地望向他儿时的照片：那个可爱的孩子到底哪里去了？

如果你遇到了一个让你失望的孩子，他对周遭的一切都不再感兴趣，用最简单的语言搪塞你关于读书的建议，用最冰冷的面容面对你一起运动的邀请，用稚嫩的后背回应你热情的沟通，只有在抱着电子设备时，他的眼神才会重新活跃起来，似乎只有游戏里的枪炮刀剑才是他所关心的，而你用了所有能够尝试的方法，软的、硬的，却都无法对这份冷漠建立起防火墙。你常说自己痛恨这些设备，却仍然在他的要求下一次次地为他更新这些设备。你又开始痛恨自己，时间久了，甚至不知道该痛恨谁。

如果你遇到了让你失望的孩子，每当你同他谈起未来，他都会莫名的激动，似乎他的未来不应该在他自己的手中，而应该在你的希望中。他甚至讲不出自己未来的方向。那些"未来"的样子，不过是你脑海中为他设计好的影子。你再一次陷入无助，那个小时候撅着小嘴告诉你，自己长大要当科学家、当医生、当飞行员的小家伙，已经被时间带走了。

这些失望让你无助甚至沮丧。于是你不再关心自己的工作，不再参与自己的爱好，将一切精力都放在他的身上，希望能够扭转局面，却总是在一次次失败后懊恼不已。这到底是怎么了？

事实上，是我们选错了"道"。《道德经》中有"道"，却也分"常道"和"非常道"。常道，便是孩子自身的成长和发展。"常道"不可违，我们却常常在孩子的"常道"上使用非常手段。去看看周末吧，孩子们奔波于乐器、画板和英语、奥数之间，在本该有的"常道"上进行着如此这般的"非常行走"，而真正成为艺术家、数学家和翻译家的孩子却没有几个。于是我们美其名曰给孩子们"陶冶情操"。也便是这样的"美其名曰"，让我们摧毁了孩子们的"常道"，建立起了一套只属于自己的体系，并以此要求幼小的孩子们。这样的自私，在很长一段时间里被我们当作无私奉献和真情陪伴。

而"非常道"却是该有的拒绝和惩罚。我们过分放大了孩子身上的希望，只要是朝着希望的光，我们便不惜代价去呵护，生怕它会熄灭。为了这份希望，我们甚至可以放下原则，放下平和与淡定，在物质上大肆满足，在精神上大肆表扬。望着孩子，我们只看到了阳光，却从未重视阳光背后的阴影。于是当白驹过隙，孩子的身影被拉长之时，我们早已失去了回天之术。英文中有一句谚语"Don't put all your eggs in one basket"（不要把所有的鸡蛋放在一个篮子里），而在自己孩子身上，我们却往往选择孤注一掷，将全部的好投入孩子成长的河流中。当他们体味了你的"大爱"，在生活和学业中的任何"小爱"都会变得索然无味。在本该拒绝的要求上放了手，在本该惩罚的事情上软了心，便将那希望一点点地转化成了失望。

上进是最大的素质

随着国家的发展，教育的发展，人的素质被越来越多地谈及。大街上看到随地吐痰的人，我们总能听到这样的评价："这人素质真低。"看到文明礼让的人，也会有人评价："这人素质不错。"谈论素质的高低实在是困难，不光是学养问题，还牵扯到环境、习惯等等，因此，素质作为一个话题，就这样一直抽象着。那"素质"二字到底如何界定呢？在我看来，素质有大小，如同把每个人的道德品质形容成尺子上的刻度，有的读数大，有的读数小。纯粹有素质和纯粹没素质的人是不存在的。

原来一直不清楚最大的素质是什么，但是参加了在榆中一中举办的名师讲堂后，我渐渐地坚定了一种观点——上进就是最大的素质。

在参加这期讲堂前，我也参加和举办了市内的几期讲堂，都很有规模，听众也不少。但过后反思，总觉得那些听众里面，有一部分是假的。从台上可以清楚地看到，他们有的在看手机，有的在接听电话，有的在读杂志，有的在说笑，甚至有的在打瞌睡。虽然我也将其理解为常态，但是心里总会觉得难过。这些老师参加讲座的目的只有一个，那就是完成任务，把自己作为一个签名、一个人数放在那里。习惯了也就成了自然，让我也感觉到这样的活动也就是那么一回事，所以每每受到邀请，也总是想着尽自己最大的努力，让爱听和想听的老师得到些什么，其他的也管不了那么多，毕竟人有各面，面面不同嘛。

刚好是个艳阳天，一大早赶到榆中一中，用我惯常的态度参加这期讲堂。随着内容的深入，我在台上和台下做角色转换的过程中，感受到了很大的震撼。这震撼来自于从前的经历和眼前所见的强烈反差。四百人的会场，老师们来自榆中县各个乡镇，有的人赶了很远的路到这里听讲。自始至终，听讲的老师都在紧紧跟随着做报告的老师。他静默，会场也静默；他热情，会场也热情。安静时，一支笔掉在地上都听得到。没有手机铃声响起，我忍不住回头，却发现老师们都在认真地做着记录。这是我第一次在讲堂上看到如此认真的听众，并不自觉地融入其中，认真地做起笔记来。

更让我吃惊的是下午的讲座。依照以往的"经验"，任何培训或者学习，到了下午就会流失不少听众，但是在这里，会场如上午一样整齐安静地坐满了老师们。站在台上，甚至可以清晰地看到他们认真的神情，我既感动又吃惊。这里的老师们不聊天，不玩手机，可谓素质之高。可是真正高的素质，却是心中的上进。只有努力上进的人才会珍惜每一次的学习机会，也只有渴望发展的人才会在学习中如此认真。比起那些签到的名字，这更让人感到真实；比起那些充数的背影，更让人感到了高大，并从心底油然而生了一种敬佩。

最大的素质就是始终保有一颗上进心。没有了上进心，就会厌倦周遭，将仅有的梦想一点点敷衍殆尽，慢慢地麻木不仁，开始混日子。所以我们一定要好好呵护自己的上进心，让它始终向上。虽然疲惫，乐趣也会随之而来。

失败的"一拍头"

记得带某届学生的时候，开学初便和班委会定下了班规，逐条确认后打印出来，张贴在教室的前墙上，作为班级的基本守则。

没过一周，我发现卫生区的卫生任务过重，需要多安排两位同学打扫，于是我用笔在班规上加了标注。运动会后，我又发现纪律问题只有扣分项，没有加分项，于是又用笔在班规上做了标注。期中考试过后，我发现奖励的项目中缺少进步奖，于是再次用笔在班规上做了标注……

一个学期过半，张贴在墙上的班规已经被我涂抹、修改得乱七八糟。每一次怀揣着好意去修改，却在带班的过程中发现孩子们的问题越来越多。我百思不得其解。一年下来辛苦万分，却也没有带出我期望中那个团结向上、自主自立的班集体来。

初二时，孩子们的个性和独立意识更强了，我越想更好地管控，却越觉得混乱，于是常常召开班委会，征求孩子们的意见。每想起一两件事情，我便从办公室跑出来，冲进教室通知班干部开会，甚至在同学们的自习时间，我突然想起了某件事，便也不管不顾地在讲台上安排起来，忽略了孩子们幽怨的眼神。清醒时，我经常庆幸自己及时安排了班级事务，却常在梦中梦到那些眼神。这样的方式真的好吗？

郁闷并辛苦地度过三年后，学校的一次迎检工作让我醍醐灌顶，明白了自己的错误所在。那天，我在办公室辛苦加班至天黑，正在欣慰于自己整理出来的资料时，却突然被告知项目不对，需要按照新的对照表重新整理。身体瘫坐之余，头脑仍然在思考，这不就是我在班级管理中那些"一拍头"的想法吗？所谓的正确，都在"一拍头"间演化成了错误。当我带着如学生一样的不满和幽怨做完那些工作的时候，瞬间感受到了轻松——一种找到自身问题的轻松。

通读了李镇西老师的《做最好的班主任》一书，我学会了将班级目前和未来的各项事务进行统筹规划。在每一件班级事务上，都需要做好预见性的安排，目前的事务和人员，未来的事务和人员以及班级的各种会议都做到条理清楚。在实际带班过程中的突发安排，一定要及时公告，让孩子们在心理和行动上都有所准备，心理上接受了，行动上自然会顺畅许多。

带着诸多反省和"新政"再次进行班级工作时，我学会了及时总结。随着时间的推移和经验的积累，班集体的各项工作，我大都能够了然于胸，也在合理的预见性安排中渐渐寻找到了自己的时间和空间，在累并快乐的路上，带着曾经的错误开始了自己的征程。

"一拍头"的失败给了我"一摸心"的快乐，若没有工作中的这些失败，我无论如何都无法学会同我的班集体将心比心。到了今天，我依然会在各项繁杂中理出些许头绪，在最烦躁时对照过往，在最疲累时想想当初。

有时候面对如山的工作，拍拍头提醒自己，真的会轻松许多。

属于自己的散文

孩子问我:"你写了那么多文章,散文怎么写呢?"

说实话,我确实写了很多文章,却很少思考自己写的是什么体裁的文章,因为大多数文字都是依据自己的所感、所想以及工作和生活中情绪的变化堆叠起来的。

我只是个老师,并不是专业的写作者,这也给了我很多文字上的自由,能够无拘无束地倾倒自己脑海中的片段。时间久了,也积累了一些文章,却很难在体裁上加以区分,于是统统称为"随笔杂文"。什么都有称之为"杂",我很喜欢并带了一点固执地坚持着自己的杂文写作。

至于散文,虽然我没有写过一篇精品,但是读了很多,从贾平凹开始,到汪曾祺、余光中,最后停留在林清玄,皆因为自己的生活和工作也从工工整整走向了随遇而安,于是可以带着一些想明白了的道理,去细细回味那些大师的文字。正如生命一般,从哭闹,到浮躁,再到淡定,继而淡然。真实的文字是要与之相配的,绝不是领导手中的讲话稿,更不是哪项活动的汇报材料。那文字中的精神,应当是自己的。

散文是平凡生活所映射出的不平凡的精神,要求人浪漫、敏感甚至固执。眼中无花,即使身处山花烂漫中,又有何用?心中无情,即便周遭温情脉脉,又能如何?"平凡"两个字不容易,皆因为大多数人追求的都是"不平凡"。当人们都在追求树枝上的累累硕果时,却有一双平凡的手拾起了果树下发黄的叶子；当人们被淹没在滚滚车流中时，却有一双平凡的眼望向了天边的云卷云舒；当人们拼命登高，想要摘得桂冠时，却有一个平凡的身影驻足于山腰的树下，吹起了口哨。那些平凡甚至有些慢半拍的想法驻留在脑海，再加工之后便有了生命力和号召力，让读到文字的人感到温暖和善意，甚至看到希望。这平凡中的不平凡，是在日复一日的观察、思考、练笔中一点点积累的。

散文是一棵枝繁叶茂的大树，形形色色的叶子便是我们所能用到的文字。漂亮的叶子成为大雅之语，带了虫洞的不好看的叶子成为凡俗的话，长了斑点、霉菌的叶子成为粗话甚至脏话。但不可否认的是，每一片叶子都会从树干上汲取营养，每一片叶子都该是真实而有生命的。那树干就是散文的精神，如同写了秋天，树干就该把"秋天"的营养输送到每一片树叶上，即使整篇文章没有一个有关秋天的字眼，我们也可以感受到秋意浓浓。

散文应当是如云烟般缥缈的，正如人的思维，在一念间便闪过了万水千山。我的包里时常放着一个小本子，将那些突然出现在眼前的风景和闪现在脑海中的文字，不受处所影响地记录下来。即使它们很短，无法成文，但多日后翻看时，那些情景和文字依然会在心中交汇出声音。如同音乐家作曲一样，将一段段相似的风景和感受串联起来，或许就成为一首美妙的作品。这些随时记录下来的，不正是自己真实的生活吗？

很遗憾，我没有办法像一个语文老师那样系统地告诉孩子散文是什么和如何写散文。但面对孩子的问题，我却愿意将自己在文字旅途上最真实的理解和感受写给她看。或许日后她所写的文章并不符合那些条条框框，也无法换回较高的分数，但只要有了自己的精神和真实的感受，我便会因此而感到欣慰。毕竟，自己的，真实的，这样的字眼是多少人在文字中求而不得的啊！

这就是散文，属于我自己的散文。

恕道

最近看到几则关于学生打老师的消息。小小的孩子，怒气冲冲地抡起板凳砸向老师。这样的行为究竟需要多大的仇恨，我不太理解。更有几名中学生在教室里群殴班主任的视频，他们打的在打，笑的在笑，教室如同人间炼狱。未及看完，我便难过地关掉了电脑。学生与老师如此相处，教育到底是发展进步了还是萎缩倒退了？我很为视频里的老师担心。虽然并无相同的经历，但我很清楚那些老师不还手保护自己的原因。

这世间有很多无法突破的底线，被称为"道"，比如"师道"，看不见摸不到，却感觉得到。都说"师道尊严"，可很多时候，"师道"被残忍地践踏着。于是老师们学会了隐忍，该管的不管了，能不做的不做了，安静而平凡地在自己的道上走着，即使学生出现倒行逆施，也学会了把痛苦咽下去，就像视频中的老师一样。我不知他们是否也家有儿女，如果有，当孩子看到自己的父亲在"老师"这一职业中被自己的学生惩罚着，一定会痛不欲生。这样的故事多了，很多年轻人便增添了一份不愿做老师的决心。因为做老师不只辛苦，还会有生命危险。

视频中的老师和学生，一定是在"宽恕"上出了问题。殴打老师的背后，也一定有老师自身的原因，或许是老师冷漠、暴躁甚至偏颇，或许是老师的言语、行为刺激了学生，因为但凡正常的学生，都不会如街头斗殴一般不管不顾地殴打老师。这"师道"中，除了授业解惑，还应当有宽恕，因为宽恕别人也是在解救自己。

有一个故事，讲一位高僧去救一只被夹住的蝎子。蝎子毫不留情地蜇了他，但这位高僧依然忍痛解救了蝎子。徒弟不解，问师父："为何如此？"高僧说："蝎子蜇人乃蝎子之天性，我行善救它乃我之天性，怎能因人之天性而改变我之天性？"人道和恕道总是并行的。什么时候隐忍变成了宽恕，才有了真正的人道。

社会对于老师和教育的评价总是措辞激烈，老师和学生之间的关系也渐渐变成了"管"和"不服管"的模式。如同那个视频中的老师和学生，当风波平息，学生一定是后怕的，老师一定是怨恨的，这"暗流涌动"的日子，如何再谈教育？

凡是人，皆会有错。老师心存感念，去宽恕学生，学生才有机会学会宽恕他人的错误。这世上确实有教不好的学生，但是"教"字只是片面的，大多都是在论成绩的高低。只有学会了宽恕，才有可能看到那些学生身上的亮点。

如果没办法去容天下事，就去宽恕学生的一些小错误、小情绪吧。老师遵守了"恕道"，便给了学生自我反省的机会。如此，师生才能和谐，教育才能快乐。所谓教育情怀之广，必然要从教育胸怀之大开始。

有些老师的桌子上总压着"制怒"二字。不妨改改，用"恕道"二字去替换。提醒自己，这个世界上的诸多矛盾冲突都敌不过一颗宽恕的心。于"宽恕"二字，我也身处修炼之中。多年的教师生涯，我也被学生辱骂过，威胁过，甚至怒目相对过。但随着阅历的丰富，我也渐渐找到了宽恕的力量。自己修得心宽，恕得了那诸多的"罪过"，事情往往都会有所转机。待回头看时，蝎子依然能够快乐地生活，而自己也并未偏离该走的道。

恕道，也是教育的大智慧。

为教育留白

一幅书画作品，近观可见技巧，远看有了意境；与人结交，于近处看见言谈举止，于远处则品出了味道；一桌佳肴，桌前细品美味，饱腹后却能思量余味；所做之事，于盛年时看，可通达百般，回首望时，方能体会得失。

这是留白的力量。

不得不承认，白纸本是用来写黑字的，但真的让那些黑字有了味道，让观字的人品出了意境的，却是留白之处。艺术如此，生活和工作更当如此。丰富的生命历程，其实源于对生活的留白；充实的工作体验，也来自于忙碌之余的留白。

人的一生犹如射出的一支笔直的箭矢，划破生命的长空，直指死亡。而生命真正的美好，却不在于那条笔直的线，而在于为此留下的空白。同一车的人，司机在望向远方的终点，用车轮去量取直线。乘客却望向左右，在直线的旅途中珍存风景的留白，这旅途因此而变得更有意义。

当把目光从远方收回脚下时，我发现教育的工作也需要被留白润色。每天和学生、同事打交道，难免会有情绪问题和大小摩擦，如果一条直线地争讲下去，即使最终获得了真理，也很难收获欢喜。情绪是需要留白的，话多了，给人以压力；脸色多了，给人以影响；争讲多了，关系也会有裂痕。在面对学生的时候，无论表扬或批评，都应该留下一些空白——表扬要留下批评的空白，批评也要留下表扬的空白。当表扬和批评相接的时候，便如同大自然的黑白相接，对于孩子而言，那便是黎明，而黎明就是希望。情绪的留白就是给予希望的空间，教育也便有了意义。

同家长的沟通依然如此。一直不停地陈述学生的错误，是告状；一直不停地表扬和鼓励，是谬赞。如果没有二者的留白和交接错落，便很难达到预期的效果。因此，当我们想要在教育的白纸上进行书写时，心中便要始终惦记着那份留白。都说教育者需要情怀，我虽不知道情怀到底是什么，但我却更想说教育工作需要留白。融一份留白于教育，便是和美。

忙完了工作便要回归自身。教育本就辛苦，因此需要放下。分不清自身与职业，分不清家和学校，甚至分不清白昼与黑夜的老师绝不是好老师。放下工作给生活，放下职业给社会，放下繁杂给安静，留白出人生的意境，我们为了"生"而工作，却要为了意义而"活"。

如果说教育者的生涯是一幅书法作品，那忙碌异常、不舍昼夜的，一定只是涂鸦。而真正优雅的，当在留白之处。

为了谁的好

"为了"这个字眼，是我所不喜欢的，因为它总在不合适的时间、地点出现。

记得小时候，被老师抽过几记耳光后，我摸着泛红的脸颊，站在办公桌前不敢斜视，只听得老师教诲，言之"都是为了你好"；大学时年少轻狂，因与舍友饮酒庆生而被警告处分，剥夺了入党资格时，也听到"为了你好"这样的话。如今青葱已过，那些存留在心中的话语在自己日渐增加的工作和生活经历中似乎变得更加刺痛，于是我极少用到它。因为在我看来，那为了谁的好或是为了谁的未来和幸福之类的话，总有些不妥抑或是恶意藏于其间。

曾经在清早走进教室时，看见一位男生的脸和脖子布满了血印。我进行询问，得到的却是无声的静坐和满眼的泪水。我无法多言，先让他安静地上几节课吧。课间，我又同孩子单独聊了起来。当再次面对面时，孩子依然难掩难过，却道出了实情。原来是他的父母因为孩子撒谎，最终由批评升级成为暴行。望着那瘦小脸颊上的斑斑血痕，我很难想象那是父母所为，继而有些怒不可遏，于是邀了孩子的父母来聊。父母双方不约而同地告诉我："我们这是为了孩子好！"并让我协助他们"救救孩子"……我在好言相劝后送走了他们，并鄙视地瞥过他们的背影。不知道这是为了谁好，更不知道谁能救救这些可怜的父母。一直到毕业，那个孩子都是不快乐的，我也愈发地不喜欢"为了"这样的字眼。

当有人告诉我，他所做的是为了我的幸福，我会在微笑后转身忘却。我的幸福总在自己手中。守住了那些人生底线，生发了那些理想和行动，幸福总会在不经意间降临。如若真有为了我的幸福而做之事，那一定是在默默中散发着温度的，诸如早起时早已放好的换洗衣服，又如上车后早已温暖如春的车厢。

当有人告诉我，他所做的是为了我好，我也会客气地予以应对。我更想知道的是我的不足，愿意为自己的未来努力找到一个目标。真的好总会悄然升起于身边，比如大音希声，比如大象无形。

有些为人所言、所做的，一旦讲出来，很快就会被冷风吹凉继而剥蚀殆尽。为什么要讲呢？为什么一定要人知道呢？这一定有一个原因，而这原因并不一定是好的。如同现今言行不一之事比比皆是，唯有置放于内心深处，才是大善良。

"不论平地与山尖，无限风光尽被占。采得百花成蜜后，为谁辛苦为谁甜？"生活的蜜总是自己酿的，若记得那些花朵的好，便在心中留个印迹，然后再尽己所能地用蜜去甜美他人。花儿不言，我也不语。就这样，没有"为了谁"，也不去"为了谁"，平淡向真，才是真好。

伪说

时常看到一些教育类的文章，标题新意十足，如"多媒体时代的班级管理""王者荣耀背后的情商"等。在这样醒目的标题引诱下，总会让人多看几眼。谁知不看便罢，一看便后悔，文章观点空洞，内容低劣不堪，所引用的事例也是胡编乱造、不接地气，让人怀疑如此文章是否出自教育人笔下。再看作者简介，那些头衔和荣誉让人吃惊。既然致力于教育，为何乱编美梦？既然不做教育，又为何埋头猛钻呢？

个人思想上的虚假，或许只属于个人，但若写成文章，便要殃及池鱼、祸害一方了，于是我称其为"伪说"。让一个幼儿园的老师去讲孩子的故事，我能从泪眼中感受到真情；让一个小学老师去讲对小学生的引导，我更会虔诚聆听，接受教育；让一个中学的班主任去讲班级管理，我如饥似渴、盼望切磋；而让一个研究院的博士生导师去讲中学班级管理，或让一个社会组织去讲孩子们的行为习惯，却远远偏离了教育人或是改变人的航道。更让人不解的是，这样的"理论"却有人趋之若鹜，追捧推崇有加，如同《皇帝的新衣》中的皇帝一样，虚伪而毫不知情，心甘情愿被欺骗。

文章如此，讲座培训也不例外。我所参加过的讲座、培训不少，自然也遇到过不少伪大师，但是总有人甘愿去搭台，总有人甘愿去组织听众，不管有无效果和意义，听众都会坐满会场。横幅拉到位置，相机拍到过程，培训宣告"成功"。有些培训看似"高大上"，实则演绎了一半便宣告流产，伪大师们没有了幻灯片，离开了手稿，便无法将自己的理论和故事继续下去。每每遇见，我都无法再有记录的欲望。将大好时光浪费在如此讲台之下，真不如回家做饭、陪孩子玩耍。

胡言乱语尚在其次，可怕的是伪大师们所谓的"理论"深入人心。它们大多听似高深，却并无半点可操作性，一旦深入内心，便会诞生很多荒唐理论下的荒诞行为。曾看过一篇报道，伪专家在培训台上介绍自己的"三阶式学习理论"，助手们在下面为其培训机构进行宣传，现场报名收费。一位家长将自己的孩子送至门下，一学期过去，孩子非但没有进步，反而在辅导班结识了不良少年，开始了夜不归宿、闯荡社会的"旅程"。家长的痛苦无奈，反衬了伪大师们的可恨。

伪专家喜欢夸夸其谈，似乎对教育的所有领域无所不知，而他自己研究教育的背景却是空白的。可怕的是，伪专家容易掌握话语权，一旦麦克风在手，便会邪风劲吹，影响着教育的大小事情。他们的所作所为让一线老师痛恨不已。台上的伪专家们能够如此大胆地主观臆断，胡乱创造和推广着各种指导模式，同形式主义的歪风不无关系。培训要搞，且要多搞，不论咋搞，搞了就好。当照片和报道堂而皇之地出现在人眼前，总会有一种完成任务的幸福感。折腾了教师，耽误了学生，这难道是真教育？真真虚伪得要命，害人不浅啊！

伪说也可能存在于家长里短间，给人们的谈笑和自嘲增添一些素材，但在教育中，讲真、为真、求真却是无论如何不能有伪作的。

不由得想起平民教育家陶行知的名言："千教万教，教人求真；千学万学，学做真人。""求真"二字尚难，"去伪"却并不难。这教育之伪说，也该打假了。

我的"一言堂"

很多时候，回望自己的班主任工作，发现当年被自己认为是唯一正确的方法，如今看来却是那样的苍白而又愚蠢。

随着年龄的增长和工作经验的不断积累，班级管理中的诸多举措也被一次次地沿用着，而我也在自觉不自觉中养成了这样那样的习惯。有些习惯在当时看来是好的，但真正通过观察和反思后，我却越来越深恶痛绝那些曾经的做法，比如"一言堂"。

我接触"主题班会"的时间相对较早，它的初始概念是德育、美育甚至是心育的阵地。我也见过很多不同的主题班会形式，诸如开放式、自主式、体验式以及家校合作式。我也在团队建设中模仿甚至是照搬了很多。每次带着汗水走下讲台、离开教室的时候，我的心里总是充盈着满足感，认为学生在自己的教导下一定能够学到、悟到很多道理，也一定会发生很多潜移默化的变化。所谓"影响一批学生"，就是我一直以来引以为豪的东西。

然而随着时间的推移，我发现了自己的愚蠢。

无论什么形式的主题班会，我都站在讲台上做"麦霸"，用自己的声音灌满一节又一节的班会课。带着这种充实下课，是我的习惯，却在学生的成长中展现了弊端。

记得有一次"孝亲敬老"的主题班会，我提前做了布置，班会也在上课铃响时分如期召开。同学们端坐台下，我在台上"端"出自己烂熟于心的

《弟子规》，一段又一段，一个例子又一个例子地讲，试图以自己成长中的或是观察到的正反事例来阐明主题。距离下课还有十分钟了，我依然滔滔不绝，直到放学铃声响起，我才心满意足地走下讲台，又一次完成了一节自认为很满意的主题班会。当天晚上，我的邮箱里收到了一封学生的邮件："准备了将近两天的一次发言，很想真实地讲讲我同父母争执的过错，就这样湮没在郭老师絮絮叨叨的道理中了。""老师的例子，在他的时代，而我们的例子，还没有机会讲。" 这封不长的邮件，我默默地看了很久。我的主题班会只剩下了主题和我，没有了班里的学生，更没有给予他们发言权，在班主任的威严下，德育变成了忍受，班会的作用也苍白无力了。

班级建设就是团队建设，如果失去了互相尊重，便有名无实了。当然，这是我在历经过很多次愚蠢的成就感和满足感后的反省。于是我开始改变。无论什么形式的主题班会，主题的制定需要同学生商议，围绕主题的发言和讨论必须以学生为主，听他们的故事，听他们的歌，看他们的笑脸和泪水，渐渐生出了相互的理解。我从"一言堂"，变成了只简单地说几句鼓励和赞扬的话，偶尔总结主题，甚至一言不发。让学生相互发掘生活和学习中的德育闪光点，似乎比任何冗长的讲道理都更有效。

学生团队如此，成人团队更是这样。基于"一言堂"的反省，让我不论是在教室里还是在处室中，都学会了公平以待。

相互尊重，首先要从语言表达的权利开始，由口到心，由心到身，凝聚力才能在潜移默化间生发出来。

向"一言堂"说再见，自己也轻松了许多。

唯利家庭的幸福

学生小华，从小生活在"北大家庭"，父母都是北大高才生，社会地位高，经济条件好。小华从小就在城市里奔波：学钢琴，因为妈妈小的时候很喜欢钢琴，告诉她学好钢琴可以高考加分；学书法，因为爸爸喜欢书法，告诉她高考也会考书法；学舞蹈，因为姥姥说，从培养妈妈的道路上看出来，女孩子要有身型和气质；学游泳，因为爷爷说，女孩子要有一个好身体。小华在这样日复一日的学习中感到很疲惫，每逢学校的考试都会很紧张。于是在一次考试后，她篡改了自己的试卷回家"报喜"，却被父母发现考试成绩和老师所言大相径庭。父母在了解真相后对小华大打出手，哀叹自己营造了如此幸福的家庭氛围，为何会培养出这样的孩子……

这样一个简单的故事，在每个耕耘多年的班主任身边都有发生。但是它是否会引人深思？这样一个普通孩子的背后，我们又能看到什么？

天下熙熙皆为利来，天下攘攘皆为利往。在熙熙攘攘之间，我们时常重视了利益可以为我们带来什么，却忽视了我们为了利益失去了什么。不可否认的是，一个掌握了多种技能、品学兼优的孩子在当今社会中的作用，但一个孩子梦想的破碎不也恰恰是因为功利吗？

唯利没有错，但放在孩子的教育上，却成了荒谬的大错。

在不同的年代，我们各有得失，将得到的慢慢淡化在平凡的生活中，将失去的强加到孩子的身上，改变他们的理想，扭曲他们的心灵，在"利"的驱使下，将原本美好的教育方式扫荡一空。一个人的心里装满了利益，便会失去真善美，又如何能够快乐？家庭的环境中充斥了利益，又哪里来的幸福呢？不由得想起陶行知先生的一句话："培养教育人和种花木一样，首先要认识花木的特点，区别不同情况给以施肥、浇水和培养教育，这叫'因材施教'。"当一个家庭或是一所学校因为未来的利益而去教育孩子的时候，家和学校便都成了折磨和强迫的监狱。推开窗向外看，树木若因利益而生长，一定不会将绿色带给世界；花朵若因利益而开放，一定无法装点世界；大地若因利益而存在，一定不会包容万物。我们的幸福来自于自然而然，教育的幸福来自于启智助长。

我也曾遇到过唯利的家长，当我的想法无法打动他时，我也总会在心中唏嘘哀叹，只好尽己所能地让孩子在学堂中快乐一些，但也总会在多年后听到关于那个孩子的消息，比如他并没有如家长所愿地去成长，反而颠倒了三观，给家庭带来了悲伤和哀愁。

当我们想要尝试带给别人幸福的时候，不幸已经在悄然生长了；当我们倾尽所有，想要带给孩子一切的时候，一切已经在茫然中失去了。只有为孩子放下那些莫须有的唯利观，不强迫所学，不压迫所求，将"得"化为"大得"，将"失"化为"小得"，勤于沟通，多加陪伴，悉心呵护那些小小的梦想，生命也才会有机会生发和成长。这一切都源自于对利益的放下。生命所能承受的实在有限，减去了，放下了，或许会轻松许多。

真正的幸福在哪里？全在努力生发后的自然而然。

无法忽视的"桥"

每个孩子的成长,总需要经历许多阶段。从幼儿园到小学是一个阶段,如同一座桥,从这一端走向那一端,孩子便走进了启蒙开化之门,学习了文化,也渐渐懂得了规矩,于是孩子逐渐长大。

一个台阶、一个台阶地过桥就会发现,孩子们渐渐开始有了差别。很多人都在分析这种差别产生的原因,并有了"习惯说""性格说""家教说"甚至"智力说"等等,众说纷纭,并无定论。而走过从小学到中学的这座"桥",孩子们的差别可能会更大。

许多人都心存疑惑:为什么孩子越来越不听话了?为什么孩子不遵守规矩了?这确实是个问题,很多专家也从科学或是通俗的角度去分析、阐释过这个问题。"纸上得来终觉浅",我也曾拜读过一些关于这类孩子如何"过渡"的著作,但总觉得套话和大道理太多。记得有一本书中将这类变化归入"青春期问题",我便觉得荒唐,只要心向青春,何时不是青春期?只要生命还存在,何处又没有问题?带了这么多年的中学生,当我站在"中学"这个端点,回头望向这座"桥"的时候,我看到那边的小学生带着"规矩"走向这边,开始有了诸多的不适。翻看以前的笔记和班级志,这个问题在我的头脑中渐渐有了答案。

这是一座桥,桥的这边是小学的规矩,桥的那边是中学的规范。在规矩中不听话的孩子,并不是真的不好,在规范中没有做好的孩子,才是在中学里应该被帮助的孩子。我有过这样的观察：从小学过渡到中学的孩子，都知道上课时不能说话，作业要完成，书写要好看。但这些"不说话""要完成""要好看"大多来自于规则，孩子们对这些学了六年的"规则"应该是谙熟于心的。但上了中学后，有些孩子上课依旧说话，作业无法完成，书写仍然不好看，让许多老师和家长头疼。为什么呢？在我看来，原因就是他们没有走好这座"桥"。许多教育专家把这种现象定义为"习惯的过渡"，我并不反对这种观点，但我总是执着地认为，好的习惯在人生的每个阶段都是好的，诸如孝悌、勤俭、友善和读书，这并不需要过渡。而不好的习惯，一经养成便很难有"过渡"之说。唯有规矩和规范是不同的。

规矩，如纸上和墙上的文字，需常说、常令；规范，如脑中的思想，往往是从"身教"得来的。因此，若要让学生顺利走过这座"桥"，教师在引导和教育方式上，就要有"规矩"向"规范"转变的意识。如同我常说的"口香糖"现象：夏天，教室的地上有一块口香糖，小学老师往往会讲："我们要保持教室的清洁，这样同学们的学习环境才会好，请值日生课后打扫干净。"第二天，口香糖仍在。于是老师有些生气："有些值日生是不负责任的！"可第三天，口香糖还在，于是老师更加愤怒地批评了学生。可是孩子们很委屈，因为天热，口香糖黏在地上去除不干净，怎么办呢？只好挨批评。到了中学，这件事的"版本"应该变成这样：老师看到地上的口香糖，微微一笑："呦，不该出现的东西出现了。"值日生脸红。老师拿着笤帚、簸箕亲自清扫，发现了口香糖发黏的问题，什么话都没说。第二天，老师带了风油精，滴在了口香糖上面，口香糖很快化了，地面清扫干净了。学生们既惭愧又佩服，从此，教室的地面没有了口香糖。两种方式都没有错，问题就在于我们在"桥"的两端，往往在意了规则而忽视了规范，也就是说，孩子们在成长过程中，总会面对层出不穷的问题，他们更需要的是示范、身教。我常常在初一年级的课堂上发现很多小手背在后面听讲的学生，不可谓不讲规矩，但是对中学生来讲，模仿、动手、实践、讨论、思考才是课堂最需要的。老师们往往会表扬"静"的学生，却忽视甚至反感"动"的学生，或许"动"才应该是规范，却遗憾地被我们忽视了。

从那端的规矩走向这端的规范，是每个孩子必经的过程，更应该是每个教育人所要思考的问题。从言传到身教，从严格管理到睿智陪伴，没有什么大道理可讲，却是亘古不变的规律。

为了谁的一切

上课时问了学生一个问题："将来哪位会像我一样，做一名中学教师？"沉默间，我得到了无人举手的回答。课后回到办公室呆坐，这个场景以及背后那没有温度的回答始终在脑海中挥之不去。

我自然希望学生有大志向，能成名、成家更会让我欢喜不已。而当年少的学生都不把教育人当作理想，那一定是教育出现了问题。我又接着问："没人愿当老师，那谁去教育你们的孩子呢？"学生齐声回答："你！"我有些错愕，更觉得荒唐可笑，"孩子们，我会老的，我可以用思想坚持，但绝不会用身体去坚守。"

恐怕这就是现实。很多年轻的老师在这个行业中觉得很窘迫，还有的将这份职业当作跳板，没几年就改头换面了。真有为了喜爱而从业的，也总在成长的道路上一路艰辛，常常听不到掌声和欢笑，甚至连温暖的鼓励都难求，更多的却是批评建议与规则约束。我们都懂得幼儿园的孩子过马路时需要保护，却常常忽视这些刚入教育之门的新老师们也如同孩子一样需要保护和鼓励。日复一日的枯燥传播荡漾开去，哪里还有做老师的快乐？当前路迷茫的时候，"得过且过"便开始了。这是现状，无法回避。我们奇怪到可以接受没有人愿当老师的现状，却无法接受孩子没有人教的现实。

朱永新教授讲"新教育理念"，谈到"一切为了人"和"为了人的一切"。我曾经带着这份疑惑当面请教朱老，却发现我们居然愚蠢地把那一撇一捺单纯地理解为学生。其实，这"一切"应该是身边的每个人，学生、家长、同事甚至领导都需要教育，这才可以被称为"新的教育"。

学生在成长，教师也得成长，而且成年人比孩子更渴望成长。遗憾的是，我们用各种各样的教育羁绊束缚了成长，耽误了时间，让很多老师错过了成长。这一切到底为了谁？

我们教学生需要"静待"，老师的成长又何尝不是这样呢？为什么我们不再有这份耐心？只因我们有了功利心。功利心让老师们在各自的讲台上挥汗如雨，只为了成为成绩考核表上的"优秀"，而后领导为之鼓掌，家长为之欢呼，奖金在前方招手，似乎一切都有了。几年后，一切还是原样，没有任何改变，甚至学生在学校的几年也耳濡目染了老师的心酸，怕了这份职业，于是没有孩子再愿意把这份职业当作理想。

我也在这份职业中沉浮，只希望那"一切"二字可以名副其实，让这本该成为沃土的职业名副其实。

也解"亢龙有悔"

所谓"名",就是在"平凡"的头上冠上了"不平凡"。当平凡的事情变成了不平凡,很多工作和处事的状态就发生了改变。一件事情,盛极之时也是衰败之始,正如历史中许多朝代的更迭一样,大盛则没了目标,多的是浮华和燥气。

始读《易经》,最喜乾卦,蒸蒸日上,于我而言是正能量。深读后,方才明理,那九个爻各个不同,至阳至刚。唯独上九爻,爻辞却是"亢龙有悔",犹如一条乘云升高的龙,飞到最高、最极端的地方,四顾茫然,既不可上,又不能下,反而有了忧郁、悔闷。

在教育工作中,当平凡的事情和工作积累到一定的程度,就会涌现出许多优秀的老师、优秀的班主任,冠之以名,无可厚非,既是奖励,又是鞭策。工作得到了赞赏,理念得到了肯定,自然是好事一桩。于是形成了团队,形成了群体,让优秀更优秀,我也是带着兴奋与荣耀成为其中的一员。时间仍是时间,我却变成了忙人,开会、活动、跑路等应接不暇。每到静时,总在暗自懊悔务虚太多,真正要做的事情却仍置于案头。无奈之中,悄悄于每天下班后增加时间独处,以时间为代价去换取做事的平衡。"名"之下,感到了辛苦,内心深处也愈发感受到了"亢龙有悔"之深意。《晋书》中也讲,"进则亢龙有悔,退则蒺藜生平,冀此求安,未知其福"。想向前,却又有无形之力、无影之事牵绊;想停下,却又怕负了自己点滴的梦想。唯有做事静修。王阳明曾讲过,"人须在事上磨,方立得住,方能静亦动,动亦定"。只有入世做事,才能一解"亢龙有悔"之苦,虽合群而又不失方向,虽有小成而又不去炫耀。从做事中来,到做事中去,才是立身之本。而那些是非成败之名,转头即成空。

我常对学生讲"不负好时光"。生命之好时光,全在磨炼中,所谓"亢龙有悔",其实是一种自我反省,也是一种持满戒溢的告诫:让名可名,却非常名。

也说"嫌疑"

十多年前,我们常常用"嫌疑"二字来批评学生——"抄袭嫌疑""作弊嫌疑""偷盗嫌疑"甚至"品德嫌疑"。那时候网络还没有普及,加之学生也单纯,这些字眼并没有给我的班主任工作带来什么麻烦,所以没有引起我的重视。

随着时间的流逝,一批又一批学生也如流水般来了又去,我渐渐发现了将这个字眼用在批评上的愚蠢。在不确定对错的时候就去下定义,显然是不对的。有了"嫌疑",矛盾便会产生,老师批评学生有"嫌疑",就会伤害童心,致使学生是非不明,甚至不再相信社会的公平和世界的美好。更为严重的是,很多极端的学生也可能因此而产生。

前几日考试时,一位学生忽然情绪激动。原来他被巡考老师认为有"作弊嫌疑",却又没有确凿的证据。学生在确实没有作弊的想法和行为的情况下被老师下了"定义",感到委屈而愤怒,继而做出了一些冲动之举。我的脑海中闪现出了十多年前那个愚蠢的自己,于是停下了去"处理"他的脚步。幸亏停下来了,我才有机会心平气和地了解事情的真相。我批评了他不合适的态度,也安慰了他受委屈的心。事情解决之后,我坐下长叹。这"嫌疑"真是极端,只一步就定义了学生的弱者地位,如果这样的事情每天都会发生,那该多可怕啊!

想起上初中时的自己,也有过"盗书嫌疑"。一本《学生实用词典》,

让我在很多年后都难以释怀。现如今，我给孩子选工具书，也会有意回避那个书名。带着深深伤口的自己，在多年后又去伤害自己的学生。如今，那些学生已经为人父母，真希望他们都能听到我的悔过之音。青春可以错，但教德容不得半点错。直到多年后我才恍悟，"嫌疑"二字应该从教育字典中删除，让"嫌疑"走向清白，让正确得到鼓励，让错误得到反省。我想，这才应该是教育。这也是一份情怀，是在修身中历练出来的情怀。

怀疑可以存在，但是要澄清对错，让对错去促进成长。在"嫌疑"中成长起来的人，怎会胸怀热爱，胸怀善良？更多的时候，我们的教育只是框架。"不识庐山真面目，只缘身在此山中"，只有走出这座山，才可以看到山外的彩虹。

我们要做的，是先驱散心中"嫌疑"的云。

也谈"星期天现象"

春暖花开,周末踏青,家人团聚,其乐融融。但一到周日的晚上,只要家里有上学的孩子,大多数家庭都会在焦躁中度过。积攒的作业——课外的、课内的,孩子忙于应付,家长忙着检查、签字。更有甚者,批评孩子的无计划性,脾气越发越大,于是一家人在不愉快中迎来了新的一周。

周一,在学校里,老师因为学生作业质量不佳而大发雷霆。甚至在周一的教室里,也总能看到未完成作业的孩子群起林立,家长被请来学校,游走在各个老师的办公室解释、赔情。这样的周一是忙碌的,也是寻常的。这是在各阶段教育中的"星期一现象"。

"凡事预则立,不预则废。"老师如此批评家长,家长如此批评学生。道理没错,可怜的学生也只能低头认错,悔而改之。于是再到周末,踏青也不去了,聚会也不去了,家中弥漫着作业的"硝烟",少了许多交流和快乐。很多学生甚至开始害怕周末,害怕周一,每天都在"预则立"。不得不说,这是怪现象,是教育的遗憾,却也是普遍存在的事实。老师和家长的叫苦不迭与批评,都落在了学生身上。学生沉入作业的海洋,便渐失兴致,什么情操、情怀、热爱,统统弃于一边。越沉没就越痛恨,越痛恨就越想反抗,于是"星期一现象"成了怪圈轮回。每个人都在叹息,却都没有真正改变。谁能帮助这些学生?这样的教育会结出什么样的果实?我们都在这个问题上奔忙着。

"凡事预则立，不预则废"是每个层级的事情，决不能单一地落在学生的肩头。从学校的角度出发，老师们因为觉得周末的学习时间长，就大量布置作业，这本身就是不合理的。如果不能站在学生的角度换位思考，而始终站在发号施令者的角度去布置任务，就无法从根本上解决问题。"难道不能把作业量平均化吗？""当然能！""为什么不去做呢？""为了学生好！"我总觉得这种观点害人不浅。"星期天现象"的源头正是老师，如果"预则立"不能从老师做起，那学生的周末依旧"苦海无边"。

许多家长对孩子的监督也是无计划性的，甚至是依据自己的心情的。心情好了就多问多查，心情不好便不闻不问；周末时放宽要求，星期天晚上又歇斯底里。外面的世界已然变得浮躁，成人对孩子的教育又是如此盲目，言传身教的效率又怎能提升呢？于是开始苦恼和抱怨，苦恼孩子的问题，抱怨老师的问题，将自己变成了家校矛盾的一部分——先制造矛盾，然后成为受害者。

其实，正是我们对待教育的习惯和不平和的心态促使了"星期天现象"的发生。孩子需要在教育中形成习惯，家长又何尝不是？计划性和执行性应当是统一的。理智看待孩子的作业，帮助孩子合理分配精力，有效地监督，哪一样都需要走在形成习惯的路上。用平和的心去对待孩子成长中的问题，积极地同学生和老师沟通。在"有计划"的前提下，我们依然可以享受周末的家庭欢乐。可目前的事实是我们没有去思考这些问题，而是单方面地简单粗暴了。

我也深陷于"星期天现象"。无论是作为老师还是作为家长，我也曾叫苦不迭。静下心来去想，如果从学校到家庭都能够合理规划学生的作业，让孩子的精力能够合理分配，这样的现象或许就不复存在了。

让孩子成为孩子，不能是一句空话！

优秀的根本到底是什么

优秀是一个概念。我们时常将"优秀"同成绩挂了钩，于是成绩好的孩子就被定义为"优秀"了，于是业绩好的员工也被定义为"优秀"了。但若离开了某一个环境，那些被定义了的"优秀"，多数会像太阳下的水滴蒸发不见。

优秀是一种内在的品质，或许会被影响，但很难被教会。

有些专家提出"不打不骂不优秀"的教育论，但如果施加外力可以造就优秀的话，为什么优秀的人却是少数呢？为什么大多数人都是庸庸碌碌的呢？

在我看来，优秀是自然的，如同一地的庄稼，在还是种子的时候都有潜力成为茁壮的植株，结出累累硕果。每个人自出生起都具有成为"优秀"的潜力，在成长的过程中会遭受环境的影响、人文的影响和自身的影响，走上不同的成长道路，结出了不同的生命果实。细想来，这也是自然的公平。其实天地早已经为我们定义了"优秀"，只是我们太擅长于追逐，太擅长于比别人强，太擅长于一直向前，而忽略了天地的教化。

看看这位"老天爷"，每天按时作息，从不会因芸芸众生的喜怒哀乐而推迟天亮或是天黑的时间，日日如此。因此《易经》中讲"天行健，君子以自强不息"。抬头望天时，我们应知坚持与勤劳，勤劳地做事，执着地坚持，这难道不是优秀的品质吗？且看袁隆平和屠呦呦几十年如一日地劳作在稻田和实验室中吧！将所做之事融入生命，用勤劳与坚持去充实生命，谁曾管过成就与功名？

回到教育中来看，打与骂只能催出一时的勤奋，却很难一直坚持下去。即使有了一些通过打骂而成材的孩子，也只是运气使然，他们身上必然会留下很多遗憾和问题。宏观地看人成长的一生，更多的打骂事实上只是为了求学期间的成绩与习惯而已。在孩子成年后，当打骂不再发生时，环境和人依然会继续影响成长。这就是为什么很多在校成绩优秀的学生，一旦离开校园、走入工作单位，用不了多久就泯然众人矣了。"不打不骂不优秀"，只是存在于人生一段时期的极端方法而已。真正优秀的人，是会勤劳做事的人，更是会坚持做事的人，只有唤醒内心自发的动力，向天学习，自强不息，才有可能挖掘出自身优秀的潜力。

遗憾的是，很多时候勤劳和坚持并不能带来成就，于是我们便偏激地认为那并不是走向优秀的方法。《易经》中讲"天行健，君子以自强不息"是说我们应发奋图强，每天的勤劳和坚持都充实了生命的活力。至于看待成绩与功劳，《易经》中也讲了"地势坤，君子以厚德载物"。无论果实丰硕与否，土地依然在这里啊！大地给予我们的便是这样的一种心态：学会包容，不以物喜，不以己悲，苦乐酸甜皆是人生。

自然和古训早已告诉了我们什么是优秀。抬头望望蓝天，坚持自己的想法，勤奋地做事；低头看看土地，包容那些坎坷与崎岖，用良好的心态努力着。这不是优秀，又能是什么呢？我们时常在羡慕别人的坚持和勤奋，羡慕别人的好心态，什么时候羡慕过别人的打骂？

潜意识里，我们是懂得"优秀"的定义的，然而一旦面对追求和攀比，优秀就变了味道。人在天地间，若想优秀，确实要"上下"而求索的。

有一种努力叫"感觉努力了"

"理想很丰满,现实很骨感。"许多人都在感慨生活的不易。细想来,我也常常徘徊于其间。很多的想法,之所以实现不了,皆因为自己没有努力,或者说不够努力。奇怪的是,我却常常为这些想法而感到自豪,仿佛自己曾为之付出了莫大的努力。

"感觉"这两个字真可怕,我们的很多悲喜都来自于它,当悲不悲,当喜不喜。凡是做过学生的人,都在学生时代或多或少地作过弊。看现在的学生作弊和自己小时候作弊,虽然方式不同了,但目标是一样的。过程艰辛,心跳加快,面红耳赤,像做贼。一旦成功,则需按捺住内心的狂喜和小愧疚,但是走出考场后,那些作弊所得就变成"理所当然"了。这种事情当悲而不悲,"感觉"使然。

校园里开表彰会,上台领奖的孩子和老师都略显不自在,笑得尴尬,甚至连领奖都有些不情愿。一问原因,居然是感觉台下有讥讽、嫉妒之声。当喜而又不喜,全在"感觉"。

常常有这样的现象:一天下来没读书,没备课,没写字,没作文,除了上完几节课,几乎无所事事地过了一整天,却仍是早出晚归。回到家中瘫坐喊累,感觉自己努力地度过了一天。也是"感觉",把虚度丰满成了充实的样子。这样很可怕。于是我常规划自己的时间,让自己不是辛苦地"坐"着,而是辛苦地"做"着。与其坐着感觉,不如做着感受。

又一届学生马上要毕业了。我观察了他们三年，也和学生们一同成长了三年。在即将迎来大考，同时也是收获的时候，我读到了学生的差异之源。没有多么高深的理论，其实差异的原因全在于"努力"，在于真正的努力和"感觉"的努力。每次考试后，都会有对着成绩流泪的孩子问我："老师，我那样努力，怎么成绩仍是如此啊？"我常笑而不语，目光却落在那个订正集错的孩子身上……

其实，许多道理用眼睛就可以看出来，只是孩子们却感觉道理是一定要讲出来的。"感觉"的努力，往往会让人失去方向，在"感觉"中偏离了理想的航道。孩子们沉溺于那些丰满的理想当中，膨胀着自己的感觉，长此以往就会让人生大戏充满悲剧。

"跟着感觉走，紧抓住梦的手，脚步越来越轻，越来越温柔。"多年前，我也常唱这首歌。这些年，感觉这歌唱得很真实。跟着感觉走的后果是脚步轻了，但是脚步轻了就难以踏实了，而不踏实的后果就是平庸，甚至失败。

人生在世，出生时的哭泣就预示了一路的艰辛。唯有沉淀下来，直面现实，当喜则喜，当悲则悲，在努力的路上，真切地感受成败得失，才会觉得踏实。摒弃那些如在梦中的感觉，只有努力成真，梦想才有可能成真。

遇见低调

你可曾遇见过低调？

常听说低调是一种高雅的风格，于是无论高低长幼，人人低调。又听说低调是一种恭谦，于是工作和生活中多了许多的听话与按部就班。还听说低调是修养的一部分，于是很多人将"不发出声音"视作人的修养。

低调到底是什么？我了解得并不透彻，但社会也该与世界的发展一致，有高方才有低，高低错落才会丰富多彩。

我常读启功先生的文章与字帖。大师一生成就颇多，但我最钦佩的莫过于他的低调。"中学生，副教授。博不精，专不透……身与名，一齐臭。"从大师自撰的墓志铭中，我可以读出那些成就背后的从容与淡定。他将我们认作的高峰自化为云淡风轻，于最高处仍能平凡处世，平易近人。功高而不炫，业厚而不骄，这不是低调又是什么呢？大师却从未将"低调"二字挂在嘴边。

在生活中，我常听到很多人讲自己的低调，认为做事不展示、不炫耀，讲话不高声、不夸耀便可以被称作"低调"。转过身去，我们却又被诸多的"有痕工作"所包围着，身不由己地去摆拍，情不由衷地去撰文，逐字、逐句、逐图、逐帧地修改，以便留下美丽的痕迹。当这些痕迹得以展示之时，我们在长吁之后便又短叹："我的低调哪里去了？"

口中的低调，总是一句玩笑。于是我时常在假日里关闭相关的手机软件，害怕那些"玩笑"打扰了我的生活。

其实低调就是一种甘于平淡的情愫，无论高低贵贱，白驹过隙后总是平淡。低调也是一种"放下"的心态，无论百花盛放春满园，还是庐山烟雨浙江潮，放下了，它还是它，你仍是你。低调还是一种对"无我"的追求，我想、我要、我做，眼中便失去了世界的美好，心中便没有了别人的感受。"我在这里，便是世界"，既然已经高到如此境地，何以容得下低调？不如想想世界与周遭，不如学着换位思考，不如在世界的温情中忘却自己。

将人生的曲调降低，我们的琴弦将会更加耐用，琴声也将会更加厚重悠扬；将追求的曲调降低，我们的生命也会在不断的拉伸中得到拓宽，真正的生命价值，来自于它的宽度。

"高调做事，低调做人"，我很喜欢这句话。做人之难，难于从躁动的情绪和欲望中稳定心态；成事之难，难于从纷乱的矛盾和利益的交织中理出头绪。低调做人，既是一种姿态，也是一种风度，一种修养，一种品格，一种智慧，一种谋略，一种胸襟。高调做事是一种境界，是做事的尺度。高调做事不仅可以激发人的志气和潜能，而且可以提升做人的品质和层次。最重要的是，做事可说，做人却不可说……

再遇见低调，我会转身不见，扪心自问自责，低调怎能遇见呢？

这一跪，掉下的太多

岁末年终，很多媒体都会以"大事""好事"为题做总结。在这些总结中，有关"教师下跪"的新闻显得很刺眼、扎心。"跪点"大体是学生的安全问题和学业问题。比如一位学生因为叠不好被子而被老师批评，想不开便跳了楼，于是家长要求老师下跪谢罪，领导也要求老师下跪谢罪，于是老师长跪不起……一些学生因为不爱学习，每日游手好闲，老师们便集体下跪，希望他们浪子回头，重振学业……这些令人吃惊的内容让我汗毛直竖。

在这个面子和尊严都非常重要的国度里，没有一些"大感动"，我们是不会下跪的。比如祭祀的时候，人们会长跪祭天，祈求风调雨顺，国泰民安。面对父母的时候，越是远离越是思念，我们也会长跪膝前，以谢父母之恩。我们感恩于天，感恩于人，用"跪下来"的方式表达着我们最大的尊重。

没有"大侮辱"，人们更是不会跪下的，于是在南京大屠杀中，那些被逼着跪下失去头颅的中国同胞们，让我们恨透了日本侵略者。所以，除了感恩之外，对于"下跪"这件事，中国人总是心存抗拒的。

让教师下跪，对于一个尊师重教的民族而言，无疑是一种冰冷的亵渎和伤害。俗语讲"生我者父母，教我者师父"。在古代，想跟随老师学习是要跪拜入师门的，而如今，这样的尊重却被荒唐地颠倒过来。当师道没有了尊严，当讲台不再神圣，当教育可以被随意践踏，蒙羞的是知识和文化，甚至是一个时代的文明，随水流去的将是一个民族的未来！这一跪，掉下来的东西，我们甚至无法再拾起。难怪很多讲国学修养的老师们在讲到"孝亲"和"尊师"时忍不住苦笑，因为我们正在用各样荒唐、奇怪的方式毁掉自己的文化根基；难怪很多班主任在面对惹是生非的学生时选择了沉默甚至失去了批评的勇气，因为我们的社会让原本存在的敬畏和规律，在利益的膨胀和精神的萎缩下开始本末倒置了；难怪有的老师宁可选择下跪去息事宁人或是表明态度，因为无奈至极时，激情值几分？教育又算得了什么？虽然那一跪，便跪掉了所有的尊严。

我庆幸自己二十年的讲台生涯是站下来的。虽然静脉有了曲张之意，膝盖有了酸痛之感，但我会坚持站在讲台上，那是对自己的尊重，对学生的尊重，只要站直了，"教育"两个字就是有重量和威严的。随着年龄的增长，我越来越深刻地感受到教育和成长的力量，于是反思了工作中的很多内容，皆因为敬畏这个职业、这份事业。我也总是相信，当你充满自信地在教室中善待每一个学生的时候，无论是学生还是老师自己，都能够在这份阳光下生长出很多真正的、作为人的尊严。

《三字经》中说，"教不严，师之惰"。在物质生活日益丰富起来的这个时代，精神不能畏缩在世界的角落，教师也不能只抱着"不求有功但求无过"的思想，默认平庸、习惯平庸、甘愿平庸，宁可"惰"，也不敢冒风险。我希望这是一个真正尊师重教的时代，在这个时代里不再有教师下跪的荒唐事，让教师保有一份尊严，让尊严去生发智慧，让智慧去影响更多的人。

时常在想，如果有一天，那些"下跪"的事情发生在我的身上，我一定会带上所有东西扬长而去，不让尊严掉下半分。

躁何如

我们总喜欢在安静的场所读书，因为在嘈杂的地方，我们总觉得难以静心。在心浮气躁之时，我们也会觉得环境嘈杂，于是常常向客观环境发泄自己的脾气。

或许每位班主任都有过这样的经历：代课老师来诉苦告状，说班级浮躁，说学生浮躁，更有甚者，满面怒容地把上课讲话甚至捣乱者"提"到班主任面前。我在班主任工作中也遇到过不可计数的如此状况。每当此时，我总会和颜悦色地去应对。

曾有一次，学生在上课时转头向同学请教问题，聊了几句，老师发现后大怒，直接将学生"提"到我的面前大声呵斥，并对我提出了"班级浮躁，需要管教"的忠告。我尴尬地安慰并送走了这位老师后，又向学生了解了情况，心中甚感不安。这是多么平常的一件错事啊！如此发泄情绪后，会给学生带来什么呢？也许学生会反感，从此不再喜欢这位老师甚至这门学科。每每想起此事，"浮躁"二字便重刻在心。

我很努力地去理解"浮躁"一词，发现很多事情都要回到原点，回到自己的内心。同一片河水，平和之人视之为缓，焦躁之人则视之为湍，全在内心。课堂又何尝不是如此？出现捣乱者、讲话者、走神者，完全是因为浮躁吗？从"课"字来分析，"言之有果"称为课。如果言之未果，则为轻言、乱言、庸言甚至胡言，谁又会带着虔诚之心去静听潜学呢？这不是学生的过错。师之庸惰，方才是浮躁的根源。不从自身去反省，反而发泄到别人身上，就让人贻笑大方了。

我们常常教育学生要心平气和、修身养性，却总是忽略了自己的想法和行为。心中起了风，吹得课堂和学生浮躁。躁气攻心，乱了言语和行为，于是可怜的学生便成了"出气筒"，言之为教育，实则为发泄。

我也曾有过这样不妥的行为。近些年随着阅历和读书的增多，我渐渐变得平和起来，一边忙忙碌碌，一边挤时间思考，在面对班级管理中的这种状况时，渐渐学会了找自己的问题。其实一切浮躁之源都在于内心，而内心的平和来自于修养的深度。恰如河水，唯有水深方可静，唯有登高天地宽。

遇见合适

在纪录片《水果传》里看到了椰子的繁殖。椰子需要等待潮汐，当遇见合适的海浪时，成熟的椰子便会从树上掉落，依靠坚硬外壳的保护，在大海中漂泊，直到再次被海浪冲上沙滩，遇见合适的土壤，椰子才会生根发芽。只有为数不多的椰子最终能够遇到合适的海浪和土壤，成功地扎根生长，更多的椰子会在日复一日的海上漂泊中腐烂或萎缩。

我很感动于这样的片段，即使是植物，其生长也是需要遇见"合适"的。细想起来，无论是植物的生长还是人的成长，都需要在合适的时间、地点与合适的环境或人相遇。可这份合适又是那样的难遇、难得，否则所有的植物都会拥有成长的沃土，所有的人也都能走过成功的桥了。

无论在教室里还是教室外，我都能听到"学困生"的称呼。关于不学习或是不爱学习的学生，有很多观点和方法。有的说要提升学生的兴趣，于是各种教学法应运而生；有的说要加大监督力度和习题量，于是家长便将大量的习题置放于孩子案头，以至于孩子的学习帐欠了又欠；有的说要改变一下孩子的学习环境，于是将孩子的学校、班级转了又转；有的说要降低难度，集中辅导，于是"补差辅导班"遍地开花；有的说需要改变家长的教育理念，于是"家长学校"和"家长学堂"便开始辅导一批又一批的家长……在这么多种方法之下，我依然吃惊并遗憾地发现，有一些孩子变成了让教育无计可施的对象。

我读过一些教育著作当中的成功案例，比如整个班级的孩子都被培养成了优秀的人才，于是老师成了名师，理论成了神话，方法成了黄金良策。很多家长都在学习并使用这些方法，却并没有将自己的孩子培养成优秀的人才。所以我总是相信，若真的有这份成功，那么那一整个班级的学生一定是人为安排、调整的。失去了自然，植物便无法生根，人又怎么能成长呢？

我将那些漂浮在海面上的椰子比作"学困生"。如果他们在无尽的世事中沉沦和枯萎，那也是自然的。没有沉沦，哪里有成功？没有枯萎，哪里有绽放？在教学过程中，之所以会有一些不易改变的"学困生"，是因为他们还没有接触到另一种教育。走出学堂，另一种教育叫作生命和生活。或许让"学困生"改变的最好方法就是"遇见合适"。一个合适的环境，一位合适的老师，甚至是一本合适的书或是一句合适的话，只要出现在人生中合适的时间，那些孩子便也能如同冲上沙滩的椰子一样生根发芽，让生命的潜力和生活的本领释放出来。

花迟早会开，只是还没有遇到合适的时令和合适的暖风。

教育本不应该把孩子一生中幸运的种种遇见都集中在短短几年里用干耗尽，我们也要学会留一些遇见给生活，留一些遇见给生命。

孩子一生中会遇见很多的失败和成功，让失败来得早一点儿，让成功来得晚一点儿或许更加合适。我们每个人也都在生命的旅程中奔波前行，无论遇见的是合适的风景还是朋友，都是生命对我们的弥补和恩赐。除了等待，我们还应珍惜。

如同那些掉进大海的椰子一样，对于"学困生"的教育，除了那么多已经被总结归纳的方法之外，还有一种就是等待——等待遇见，遇见合适。

原谅的光芒

人们的行为污染了空气，可是老天选择了原谅，依然每天黑白，每年四季；人们的行为污染了大地，可是大地也选择了原谅，依然滋养万物，使之茁壮成长。于是我们因为天而有了日子，因为地而有了吃食。

原谅是天地的美德，也应当是人的美德。记得不久前，三岁的儿子调皮，我因为工作劳累而烦躁，于是狠狠地用巴掌对待了他的小屁股。孩子哭了，我也只得到了暂时的宁静。半夜悄悄去看孩子的屁股，然后度过了后悔的不眠夜。第二天下班见到儿子，本以为小小的他会因为记恨而不理我，他却蹦蹦跳跳地扑向了那个昨夜还如同"暴君"一般的老爸。我的心里起了波澜。三岁的儿子原谅了我的暴行，也因为原谅而得到了自己的天真快乐。他给我上了一课，让我愧疚不已。单纯的孩子，用原谅抚平了自己。就在前天，身体不舒服的儿子同我玩，我又说了一些拒绝和不理会他的话，他难过地大哭。可是哭过后，他依然笑着喊着"老爸"。孩子又一次用原谅抚平了自己，让我倍感自己的行为扎心。成长了四十年，经历了许多的人和事，有多少时候，我会像我那三岁的儿子一般去选择原谅？原谅他人的过错，原谅生活的过错，原谅因果的过错？我没有做到，真的没有。在家时没有，教育学生的时候也没有。

原谅就是一道开启自己内心的光芒，带来了满满的正能量，摧枯拉朽一般击溃了那些"小阴暗"。在成人的世界，原谅或许意味着吃亏，他强我弱时，我要争；他满我枯时，我不服。带来了不甘，带来了牢骚怨恨，也驱走了心中的蓝天和朵朵白云。很多人喜欢讲"舍得"二字，其实更多的是不舍。若变回到孩童，不懂得"得到"的时候，很多的"舍"就变成了快乐。

大人者，不失其赤子之心者也。那份赤子之心，在我看来就是善良的心和原谅的美德。这么多年，我们学会了计较，学会了争夺，也教给了学生凡此种种，还总在成就之上沾沾自喜，可是很多事实证明了这份辛苦实际上是一个错误。教会他们争夺第一，不如教会他们原谅倒数第一；惩罚那份过错，不如原谅那份过错。

站在原谅的光芒下，很多人都是可爱的，很多事都是快乐的。内心啊，与其总是做那些错误的挣扎，倒不如做个减法。生活中只有两件事情，一件是我能够做的，另一件就是我能原谅的。

原谅那些暴躁吧，原谅那些能力吧，原谅那些虚伪吧。当这份光芒从内心升起的时候，苦和累也都成了快乐。

人在世上，总要学会原谅。

在故事中成长

在一次班主任交流中，我听到一种观点：班主任的工作如果想要进步，就要从琐碎中剥离出来，去写文章，去做课题，去参与各种形式的比赛，获得很多证书、荣誉，如此这般才会得到发展和提高，甚至成名、成家。

听到这样的观点，我思索良久，并将自己的经历一页页地翻过，又遍寻周围成名、成家的老兄、师长们的经历，都无法得到一个标准答案。在我的观念中，班主任是鲜活的，不是流水线上的机器，日复一日地生产着大体相同的产品；班主任工作是灵动的，时而欢喜，时而悲伤，时而高潮，时而低谷。

若真将班主任比作园丁，那我们果园中的果实，应该是一个个带有温度的故事。文章、课题、证书和荣誉，不过是名利而已，无法让我们获得进步和提高。因此我愿意听班主任讲故事，也愿意自己讲故事。讲过往，讲现在，也讲出了对未来的希望。我将班主任的发展与进步同讲故事联系起来，让这份工作和追求有了人性的热度，也有了意义和乐趣。

做个有故事的班主任吧！我们在同人打交道的过程中，总会留下很多积淀。如果我们的神经能够为之跳动，那一定会是一段故事。每个教室都有故事，每个班主任都有故事，只要是用心打造的集体，怎么能没有温暖的故事呢？于是我们该在每一天，在与每一个学生的交流中心存感激，大多数的时候，我们的故事里，学生都是主角。

做个写故事的班主任吧！很多经历和故事都曾经深深地震撼过我们。恰如走在街上偶尔听到的一首熟悉的歌，唤醒了我们的某段记忆，于是一路感动。但当这份感动被另一种气氛覆盖之后，便在时光中消失不见，想要回头去抓，却再也寻不见了。这并不等同于某些"有痕教育"，将所有的教育活动都拍下了真的、假的各种照片，做了虚的、实的各种报道，最终留不下任何意义。我们要写的，是生命的成长故事、自我的磨砺故事和瞬间的感动，就如林清玄所讲："写作真好，不同于他人，写作能将生命中的段段历程用笔记录下来，多年后去品味，仍然有生命的痕迹。"是啊，我们要写的故事，正是生命的痕迹。

做个讲故事的班主任吧！我们从小听着妈妈讲的故事长大，多年后依然清晰地记得妈妈讲故事时的音容，可见故事对于人成长的影响力。将我们的故事讲给别人听，我们便拥有了舞台，因为终于有人因我的故事而喜悦了，也终于有人因我的故事而反省了，甚至在讲述故事的时候，我看见了泪水。我想，在班主任那些浩如繁星的工作中，能够撷取一小部分去讲述，用自己的故事去影响别人，用别人的故事来感动自己，那一定是基于人性的发展与提高，所得到的快乐与成就感也一定是最真实的。

最后，我们有了故事，写了故事，讲了故事。其实对于班主任而言，已经得到了真正的升华和发展。那些故事中的哭笑，丰富了我们的工作经历，在感受"得到"的同时，满足感也会上升到更高的层次，但这并不足以幸福。真正的幸福不是"有所得"，而是"有所求"。于是我们该做一个帮助别人写故事和讲故事的人，用温暖的鼓励和引导，让更多的班主任拥有故事，并去讲述自己的工作历程。我们坐在台下，用掌声和泪水感他人所感，吸取更多的经验和方法，去完善自己，让这份"有所求"周而复始。

从有故事，到写故事，再到讲故事，最后帮助别人讲故事，这才真正应该成为班主任成长与进步的自然循环。生命的故事始终是要高于名利的，真正的快乐与幸福并不来自于鲜花和掌声，而来自内心的富足与感动。

有一天，听我的故事时你流泪了，那也正是故事中的我曾经的泪水；有一天，听我的故事后你改变了，那也正是故事中的我想要改变的；有一天，听你的故事后，我流泪和改变了，我知道，那是我工作进步的车轮转动了。

只要有温度，就是节日

时常感到生活在这样的一个时代是一件很幸福的事。

小时候，自己和节日的关系大多停留在食物上，想着那一个粽子，那一块月饼，那一桌盛宴。当物质不易满足胃口时，便没有太多的时间和精力去考虑节日背后的东西。待到长大读书、受教育后，方才从书本上和老师口中了解到了每个节日的不同文化。在学了英语之后，脑子里又多了很多关于西方节日的知识。

现在不同了，节日于人，早已不是一份特殊的食物就可以满足的了，于是我们开始在节日上挖掘，挖出了节日的历史背景，挖出了节日的注册权益，甚至挖出了东西方节日的差异。还有人强调要注重中国节日的重要性，抵制西方节日，认为它不属于我们。

我的孩子曾经问过我西方节日的由来，我总会用很中国化的观点来解释。比如圣诞节，我会告诉她西方国家会放假，人们会团聚，无论家人还是友人，人和人之间的温度都会增加。人们在这几天的假期中恢复了几近停滞一年的互动，从而感受到世界的温暖，正如我们的春节。比如感恩节，我会告诉她，西方人无论是感恩节还是饭前的祈祷，都是为了感谢天地让我们拥有的一切。而我们中国人要感谢父母、先人，感谢他们给了我们生命，让我们有缘在这个世界相聚。至于那些关于耶稣诞生、五月花号避难的故事，我总是避而不讲，我相信总有一天孩子会明白，一个节日或许因为一个事件而诞生，但总会因为人性的温度而去发展，只要温度还在，节日就在。每一个节日，终将成为人们团聚的理由。

在节日里，只应该有人的存在，哪里有什么东方、西方呢？试想一下，在春节，我们看见了许久不见的亲人，围坐饭桌、美酒微醺的同时，是什么带来了这样的幸福？是人，是情意的温度。中秋节，我们又团聚在了一起，有几人真的会去赏月呢？我们因眼前亲人的快乐而快乐，我们会通过电话同远方的亲人干杯遥祝。在圣诞节前夜，一个父亲悄悄地将准备好的礼物放到孩子的床头，想象着孩子的快乐，忧伤着自己无法一辈子去做孩子的圣诞老人。无论快乐或是忧伤，这份生命的温度总会让我们有了无穷的动力去面对灿烂的明天。在情人节，带着父母儿女去照一张全家福，再看看街头那些攒动的成双背影，细嗅一下空气中的玫瑰香气，心底的温暖让我们早已分不清情人和亲人，谁又知道，也许哪一个世界已经将亲人和情人提取了公因式，全部变作了亲情呢？

想想都美好。

今天是圣诞节，我收到了很多学生、朋友的祝福，正是被人祝福、被人惦记的美好，升高了我内心的温度，让我在面对镜前的自己时，忽然赶走了岁月的痕迹，面色红润，心情温暖如春。

节日本是人的节日，我们应该让空气中弥散着人情的温度。想起我的亲人和孩子们，想起那些善待我的人们，甚至想起校园周围的草木，我又如何能让自己的内心冰冷起来呢？

热乎乎地活着，在节日里分享自己幸福的温度。只要有温度，就是节日。

在坚持中进步

在班级管理中，作业管理是一项极为艰巨的工作。它既是任务，是学业的保障，是班级学风的保障，也是认真的思考，是思考的习惯、坚持的习惯。每一个班主任都深知它的重要性，但是懒惰、敷衍、投机、抄袭的现象却又层出不穷、普遍存在。在班主任工作中，我也时常为作业管理的不力而头疼，用了许多方法，都没有达到很好的效果。

我所尝试的第一个方法是"定时而交"，即每天规定一个时间，在这个时间之前必须交作业。比如在第一节课下后，课代表必须将全班的作业抱至任课老师的案头。通过观察，碍于这个"定时"，学生的作业倒是收齐了，也及时交给了老师，但是问题也随之而来，个别学生开始交空作业本了，甚至有的学生将其他作业本拿来鱼目混珠。在任课老师向我反馈了这些问题后，我做了调查了解，发现有作业问题的学生普遍存在懒惰、兴致不高、学业不精等现象。长此以往，作业是交了，知识却并没有学会，这对于学生来说是一种耽误。于是我开始尝试第二种方法——"亲自监督"，每天早晨亲自到教室监督学生交作业，一本一本地监督，一组一组地检查。在最初的几周，我很为自己的辛勤而感到骄傲，因为空作业本的现象杜绝了。我心中窃喜：看来还是笨办法好！可没过多久，问题又来了，有些学而不精的学生在我亲自监督的压力之下开始抄袭，利用电脑、手机去搜索作业答案，更有甚者，建立了作业抄袭群，拍了作业答案的图片上传，大家一块儿抄袭，就为了展现给我一片平和的景象。发现这些问题，我非常难过。给学生布置作业，就是要教会学生思考，培养他们解决问题的能力，如果为了完成作业而去抄袭，那作业就成了害人的东西。

痛定思痛，我需要继续改变。通过长期观察，我发现了一个现象：有些学生完不成作业、留有空白题，其根本原因在于接受能力和学习能力弱一些，而且这样的孩子往往缺乏自信，羞于张口向老师请教，于是只能无奈地让题目空着。学生在班级当中学习，班级又是由小组构成的。在课堂上，学生分成小组讨论和学习，在作业问题上，为什么不能利用小组去帮助那些学生呢？于是我以小组为单位，给每个小组做了一个按日划分的表格，由组长负责进行每日一报，八个组长每天将作业小条报到我的案头。这是表面上的要求，实际上，我在召开小组长会议的时候，设计了分时、分批、分层次的要求。懒惰的同学，大家帮忙督促；学而不精的同学，由组长安排成绩优异的同学帮其解惑。作业可以分时间段去交，直到任务圆满完成为止。发挥学生的力量进行"生生互助"，在解决作业收交问题的同时，更注重让学生接受知识，提升学生的能力。不要求统一交齐作业，只要求在一天之内学会该学的。"每日一报"可在上午，也可在下午，甚至在放学前都可以。

经过一年的实践，每天下班前，我都会细看每个组上报的作业条。在团队的带动下，有作业问题的学生开始减少了，成绩和学习状态也发生改变了，班级学习和钻研的风气渐渐浓厚了。从初二开始每天坚持，到现在学生将要毕业，将近两年时间的"每日一报"作业制度，的确取得了很好的效果。看着每学期一摞的小纸条，作为班主任的我，也体会到了"坚持做好小事"的快乐。

在坚持中进步，让班级管理始终充满向前的动力。

自主管理的背后

现如今都在讲"自主管理"。企业中能够自主管理的员工是优秀的；社会上能够自主管理的人是独立的；家庭中能够自主管理的孩子是自觉的。甚至在幼儿园或是小学，自主管理的方式也遍地开花。

我在自己的班主任工作中，也在尽可能地尝试着各种各样的"自主管理"。晨读时要求学生自主预习、复习，自习课上要求学生自主学习，甚至小组分配、座位调整都践行着对学生的自主要求。这些对班主任和学生而言都是一种锻炼。班主任要想指导学生自主管理，必然要有所思考而后拿出方法；学生想要真正地自主管理，必然要提升自身的自控能力。这样的锻炼如果日积月累，对人是有好处的。于是自主管理的方式无处不在地闪耀着光芒，于教育中遍地开花。

但凡事总有利弊，自主管理同年龄和能力是有很大关系的，这也恰恰是很多老师忽视的问题。在幼儿园，老师要求孩子们自己盛饭、吃饭，却总是有很多孩子做不好，于是老师发脾气："让你们自主管理咋就这么难？"在小学，老师要求孩子自主完成活动，却总有孩子没法做好甚至无法完成，从而引来老师的批评。在中学，这样的现象更多。我也遇到过这样的现象。要求学生们自主分配小组，遵循搭配原则，每个组长都可以自主选择自己的组员。布置任务时，我心中窃喜，感到方法新颖，收效一定会不错。但当再次检查小组分配时，却发现很多组长陷入了困境，无法自主。究其原因，是孩子们的人情关系所致，让组长无法在人情和规矩间进行选择。于是这样的自主分配仍然需要我的协助才能顺利完成。

家中的孩子上小学时，每次召开班队会或是完成电子版的作业，也总会头疼不已，一个人冥思苦想不得其解。我只好亲自上阵，帮助孩子完成任务。第二天，看到孩子高兴地说自己被老师表扬了，我心中总会涌起说不出的苦。现在教育中的很多自主管理都在直奔结果，只要结果好了，过程中的指导和锻炼都可以被忽略不计。孩子带回来一份作业，需要自己用电脑画图软件画图，要求画出至少四张图来组成一个简单的故事。这样的作业，乍一听，方式新颖且能锻炼孩子们的自主能力，但再一想就有些不合适了。这样的作业，且不说别人，就连我自己坐在电脑前，用鼠标一点点地画出，如果没有几天的时间去画，想要完成也是天方夜谭，更何况是上小学的孩子了。这到底是锻炼了谁的自主能力呢？我只好借助强大的网络力量，下载、修改、存盘，再交给孩子，算是完成了作业。我很担心，这样的自主任务会滋长孩子们的虚荣心，明明无法以自己的能力来完成，却偏偏被要求去做，而最终的结果，就是家长们"拼了"。难怪学校周边会有很多从事打印以及幻灯片、视频制作的店铺，这都是是学校自主管理所带来的商机啊！这自主管理的背后，是人的懒惰——懒于指导想法，懒于指导做法，只求一个结果。这真的是自主吗？

来看看一个孩子的成长吧。没有一个孩子生下来就能够自己吃饭穿衣，这是一个漫长而又艰辛的过程，需要家长的大量指导和辅助才能够达到目的。凡是为人父母的人都有这样的体会，想让一个孩子自主完成一件事，绝不是靠布置任务就可以的。比如要求孩子自己洗袜子，绝对不会发生在孩子蹒跚学步的时候，即使他们到了一定的年龄，也需要父母告诉他们如何去洗，而且要一遍一遍地指导，孩子才能学会洗袜子的技能。这是规律。

但在教育中，我们总在打破这样的规律，用自主管理的光环去掩饰背后的懒惰。布置任务是简单的，求得结果也是简单的，但这些在孩子们自主管理的锻炼中是没有价值的。

自主管理的真正价值，应该是在人的成长规律的基础上进行新颖方法的耐心指导。离开了规律，自主管理就成了空谈，背后只剩下了"师之惰"。

走到沉重背后

很难得在这隆冬的清晨送孩子上学。或许是很久没有送孩子上学了,感觉后背上孩子的书包又重了几分。环顾那些匆匆忙忙的家长肩头,也都是用肉眼就能称量出来的沉重。

我问孩子:"每天上八节课,一共四五门学科,哪里需要装那么多东西?"孩子却说:"课外书需要背,手工劳动材料需要装,老师要求的班队会资料需要装,口琴要背,画好的画也要在手里拿着,每个孩子都要这样啊!"突然间,我感到肩头的书包又重了一分。"每天要上课,哪里有时间去完成这么多的任务呢?"我本想用类似"丰富"这样的字眼,但是"丰富"二字带来的往往是轻松自由,同我肩头的重量是不相配的。面对我的问题,孩子不说话了,或许是冬日的晨风太劲,又或许是她心中有难言之隐,但我总觉得那些说不出来的心声并不是快乐。

我有过几次帮孩子完成书法、绘画作业以及班队会任务的经历,为数不多,却记忆很深。如果不完成,孩子第二天就没有作业可以交差,结果自然不好;完成了,至少孩子可以踏实睡觉,至于第二天如何,我很少过问。但是我知道,这是浮躁带来的负面影响,连孩子都早已见怪不怪,剩下我这个老爸整天唏嘘不已,反倒显得有些格格不入了。

前两天看了一篇报道,言之公务员上班的八小时中,真正为人民服务的时间已经不足三分之一。老师每天的工作时间自然长于八小时,却也有将近一半的时间远离了教学和育人。我也是个老师,很多时候的身不由己是我无奈的根源。每当望见学生们如健壮的植物一样欣欣向荣时，我总在慨叹自己的时光已经半掺杂草。我们的时间都去哪儿了？我们心头沉重的到底是什么？

很多时候，我放弃了批改作业的时间去写了业务笔记；很多时候，我想和学生在操场上走走，却不得已要去开会；更多时候，我连备课、看书都不容易做到。写了笔记，搞了活动，拍了照片，存成档案，待到抬头却早已天黑。拖回家的并不是疲惫的身躯，而是沉重的心。如同孩子的书包一样，减负的目的是为了课余生活的丰富和自由，若将丰富做了展示，将自由拍成照片，将一份份不自然的笑脸做成"美篇"，那便是书本之外的负担。更如同人减肥一样，若付出了健康的代价，那减肥便成了美丽却又遥不可及的梦。有些活动，即使被点赞也没有有意义；有些美丽，即使留存也是荒芜。

我相信孩子的书包里每天真正能够用到的书本、文具只有三分之一，另外的三分之二并没有给孩子带来多大的快乐，无休止地完成任务和无休止地敷衍任务，变成了孩子学习、生活圈外的另一个怪圈。怪谁呢？怪在哪里呢？其实很简单，就是无休止的贪婪和不协调的发展。当学校贪于功利时，便会将重量转嫁给老师，于是老师开始不协调；当老师贪于功利时，便会将重量转嫁给学生，于是学生开始不协调；当学生贪于功利时，家长的肩头便会多出许多重量，于是"减负"便成了一个笑话。于是更多有孩子的家庭便在这样的笑话中努力着、勤奋着，培养着不知何为目标的孩子们。

在这沉重的背后，我们似乎丢掉了成长的真实，渐渐失去了看花赏月的兴趣，早已忘记了春游踏青的滋味，甚至没有了开怀大笑的真实。把一切都放之于追求，依靠增加别人的生活重量来成就自己，却忘记了在自己的肩头也有挥之不去的分量层层叠加，如同我儿时的快乐再也无法复制到现如今的孩子身上了。那时，我们经济条件不好，却抱着自由的精神穷欢乐。如今，我们的生活条件好了，却看着孩子背着沉重的书包，依旧穷欢乐……

我不由得拉紧了帽檐，似乎寒风更劲了。同孩子告别时，我把书包重重地"架"在她的后背上，目送她走进校园。转头时，看见另一个父亲送孩子，手里的书包巨大，是个拉杆箱。

尊重与敬畏

在一则新闻里看到，一个上幼儿园的孩子，因为向奶奶讨要月亮不得而绝食。这样的威胁弄得全家人混乱不堪，甚至在医院里提前为孩子预定了病房以备不测。

在另一则新闻里，一位上初一的孩子，因为父亲没有为她买到心仪的生日礼物，便狠狠地给父亲留了一张字条后离家出走。那字条上写着五个让人不寒而栗的字："我要杀死你！"可怜的父亲经过一夜的寻找，终于将狼狈不堪的孩子带回了家。

这样的新闻似乎已经变得寻常了，甚至再严重一些，"以死相要挟"的故事也很难长久地震撼人们的心灵了。

林清玄曾经讲过："我觉得这世界之所以会物欲横流，贪婪无尽，是由于人不能自见渺小，因此对天地、对自然的规则缺少敬畏的缘故。"这样的话，深刻揭示了世道背后的人心。

人心是需要培育的，这应当是教育的初心。而培育人心的沃土是家庭，最初的肥料是尊重和敬畏，这样的人心成长起来才会散发出人性的光芒，开出美德之花。孩子讨要月亮的愿望是美好的，每个人都在内心深处向往着美好的事物。对孩子而言，这是一份难得的好奇心。讨不得而绝食，只能是全家人溺爱孩子的恶果，忽视了在家庭的土壤中留下尊重与敬畏。

人与人之间真正的爱，应该是尊重；人与自然之间真正的爱，应该是敬畏。

很难想象这个绝食的孩子长大后会成为什么样的人，更难想象的是他的家人该如何面对他的成长。而那位要杀死父亲的少年，心中已经失去了平衡，无法权衡一份生日礼物与自己父亲的重量。虽然父亲很辛苦，但孩子不尊重亲情、不敬畏生命的种子却是他亲手播下的。

如今的孩子们在家里太"大"了，大到抬头仰望的都是自己的天，低头俯视的全是自己的路，身边的人都是理所当然的"服务员"。更可怕的是孩子的这份"大"，衬出了家长的自甘渺小。他们用被工作和生活压榨得越来越小的时间和空间，养育着目空一切、不知天高地厚的孩子。这是家庭教育的悲哀，自然无法收获成长的果实。

记得我在讲《弟子规·孝篇》的时候，学生问我："为什么要讲孝？"我的回答很简单："父母是生命的根源，尊重父母就是敬畏生命，这就是孝。在这个基础上学习文化才有意义。"

人的成长之路是漫长的，但不管最终有多么枝繁叶茂，其始之处也总该有爱。教育，无论从业与否，是每个人都可以谈论的话题。但无论如何评说，尊重自己和其他生命，敬畏天地自然，这些都应当是教育最重要的环节。

人真正健康的成长需要从知道自己的渺小开始，在漫漫长路上学会尊重和敬畏。

关于"禽兽教师"

做老师做了很多年,每每在新闻上看到教师被投诉、被举报甚至被惩罚的消息,大多数时候,我并不敢发表自己冲动的意见,但是每每想起来,心里便会痛一下。

我在从教之初也曾被冠以"残害学生"之名。那几年,每逢有"师德"讨论,自己必成反例。从紧张到压抑,我至今对那份惩罚难以释怀。

那应该是1999年的夏天,一位年轻的女语文老师站上了我班级的讲台。她年轻,学生年轻,我也年轻,我满怀憧憬和欣喜地想和这些年龄相差只有七八岁的孩子们一同长大。但是,在一个炎热的下午,我写满梦想的纸片被一场"事故"撕得七零八落。

一节语文课,那位女老师身着白色裙子,手捧语文书,在教室过道间带着学生们朗读课文。我在相隔不远的办公室听到自己学生的读书声,感到惬意无比。正在慵懒间,书声不合时宜地中断了,我听到了语文老师的尖声呵斥。没过几分钟,"白裙子"便带着泪水来到了我的面前。原来,班里一位顽劣的男同学在她认真读书时,故意将红墨水撒到她的白裙子上,并举手示意老师该去卫生间了。

那哪里是示意,分明是恶意啊!任何一个初登讲台的女孩受到如此羞辱,如何能够安然、淡定呢?

同样,我在自己有限的经验中找不到针对这种恶劣行为的处理方法,脑海中浮现出了武松、林冲甚至孙悟空等惩奸除恶、替天行道的英雄形象，更浮现出了那孩子的坏笑。

这是我的班，我需要给语文老师一个交代。

于是"事故"就这样发生了，我在办公室，用木条狠狠地惩罚了这位学生，直到学生告饶认错，我依然无法平息心头的怒火。学生如何能这般邪恶？不痛打一番，如何伸张正义？

直到晚上回到单身宿舍，我都带着一股"英雄气"，义愤填膺地向室友讲述着下午的事。

第二天一早，当我背着包走进校园时，发现校门口从未有过那么多的汽车。正感到新奇时，我却被叫到了校长室。

原来，那位学生将我投诉到了报社，报社的记者让学生去验伤，并留下了皮外伤的证明。我顿时懵了，不知所措地站在那里，听凭校长数落。我的脑海里一片空白，只记得"打好包袱走人"这样的话语。我不知道自己如何讲完了那天的英语课，只记得和学生悲凉地说了道别，包括向那位仍然在座的顽劣的孩子。

之后的两天，我没有去上课，而是在校长室接受领导和家长的批评教育，脑海中那些自己认为的"正义"被渐渐洗刷殆尽了。学生们写了联名信，我也写了一封长长的悔过书，然后我留在了讲台上。早已忘记了当年对我做过怎样的经济处罚，只记得那个五月份不好过，自己也消瘦了很多。我羞于和同事们交流，耻于同父母倾诉，"我错了！我错了！"的声音徘徊在脑海，经久不散……

那之后的很多大会小会，我都成为"师德"和班主任工作的反例，自卑到想要放弃，除此之外不知道自己还能做什么……

如今，当年那个年轻的班主任拨开很多对错的阴霾，走成今天的自己时，依然茫然于当时。这种惨痛经历并不是每个年轻老师都有的。

多年后，那位顽劣的学生成了一位包工头，早已经同我冰释前嫌、相谈甚欢了，我甚至在他孩子上学时帮助过他。当一切都成为过眼云烟，我发现，我原谅的是他不羁的青春，我始终无法释怀的是自己为此而付出的代价。若再换一个时间和空间，我想自己会崩溃。

时至今日的自己，似乎有了一些经验和成绩，但我却并不愿张扬，只愿留下自己曾经的伤痕，用以告诉后来者，哪怕只是一座小小的丰碑，都是血泪与汗水的汇集；哪怕只是一点小小的经验，其背后都有痛苦的弯路。

今天的我依然不断地充盈着自己的正义和良善之心。虽然偶尔也会沉默，但在一闭眼的瞬间，向自己招手的，仍然是那个做着"英雄梦"的不卑不亢的自己。

后　记

每次写到一本书的结尾，我都会将书稿重新翻看。很惭愧的是，给读者所能带来的东西不多，有些个人想法甚至存在误导思想之嫌，但我舍不得删去。就像我做班主任老师，每届学生毕业离去后，我都会将教室中属于班级记忆的物件一一收好。很多破旧的物件都是带有温度的，那些能够见证我和一批孩子成长的物件，我又如何舍得丢弃呢？

时间一久，那些旧物积累繁多，我便也头顶"邋遢、繁乱"之名，乐此不疲地继续收藏着。如同今日的文字，每翻看，都在脑海浮现一段记忆，有我生活中的惬意与满足，也有工作中的成败得失，更能真实地给自己留下深浅脚印。

作家韩寒曾经说过："英雄都是一个人，只有喽啰才扎堆。"我也需要孤独的空间和时间，并且认为自己的孤独是伴随着灵感在生活和工作中的某些时刻闪动出现的，并不属于韩寒所讲的"英雄"。但是文字却总会让我收获快乐，于是工作之余关门掩窗，让自己安静下来去做喜欢的事，虽然占用了生活，但那就是我的生活。

这本书中大多数的文字都诞生在我支教的日子里，那里虽然偏远，但距离却产生了很多回望的灵感。在这里，守望那里，待到支教结束后，我仍可以在那里，守望这里，我很珍惜这段难忘的岁月。

成书之时，感恩的情绪也随之涌来。我要感谢我的家人和学校，工作的历练让我有了可写之文，家庭的支持让我有了可表之情。还要感谢为我辛苦撰写序言的付丽旻老师和孙宏老师，同前辈交往和学习之路始终在我的脚下，前辈的鼓励和赞许也永远是我前行的动力。感谢为我题写书名的鱼晓东兄长，多年的结交与不计代价的支持，才能让这本书以更好的面目示人。

我会继续写下去的。

是为后记。

郭浩于己亥初春